Joachim Sikora

Dr. Hans-Jochen Gscheidmeyer

Ralf Liebers

Deutschland 6.0

www.tredition.de

© 2016 Joachim Sikora
          Dr. Hans-Jochen Gscheidmeyer
          Ralf Liebers

Verlag: tredition Gmbh, Hamburg

ISBN: 978-3-7345-4156-8 (Paperback)
          978-3-7345-4157-5 (eBook)
          978-3-7345-4162-9 (Hardcover)

Printed in Germany

Vorwort

In den 6 bis 8 Jahren unserer bisherigen Arbeit an der «Initiative-Verfassungskonvent» hat sich die Welt um uns herum stark verändert. Diese Änderungen haben nicht zuletzt auch mit dem Thema «Demokratie» zu tun. Wir möchten hier kurz darauf eingehen, wie wir zu diesen Veränderungen stehen und was sie nach unserer Meinung für unser Anliegen bedeuten.

Die Zeichen globalisierten Wandels haben sich fühlbar beschleunigt und verstärkt:

Fragen der Nachhaltigkeit wurden noch dringlicher. Trotz zweier Finanzkrisen ist die Macht globalen Finanzgebarens bei weitem nicht gebändigt. Weitere geopolitische Konflikte zeichnen sich ab und werden zu wachsenden Problemfeldern. Migrations- und Flüchtlingsströme haben explosionsartig zugenommen und deren Ursachen sind vielfältig. Die UN zeigt sich eher geschwächt und ohne entscheidenden Einfluss. Dem seit Jahren herrschenden Krieg in Syrien steht sie machtlos gegenüber.

Auch in der engeren politischen Landschaft geht es rauer zu.

Großbritannien tritt nach einem Volksentscheid aus der EU aus; etwas, das – richtig oder falsch – 2011 bei Griechenland noch vermieden wurde, u. a. durch aufgezwungene Verhinderung eines dortigen Volksentscheids und unter großem finanziellen Aufwand – hier Bankenrettung, dort Sparauflagen. Im Zusammenhang mit dem sog. BREXIT geäußerte EU-Kritik ist nachvollziehbar, wirkt aber gleichzeitig vorgeschoben und dient möglicherweise anderen Zwecken.

NATO-Gebaren und Russlandkonflikt sind miteinander verwoben und behindern indirekt Friedenspläne in Syrien, wo ein tyrannischer Machthaber eher den oppositionellen Widerstand bekämpft, als die wirklichen Terroristen. Ein Eingreifen über den Sicherheitsrat der UN scheitert an nationalen Machtinteressen und dem dadurch bedingten Veto Russlands.

Mittlerweile ist der Daesch-Terror auch in Europa angekommen, wo man zudem mit gewachsenen Migranten- und Flüchtlingsströmen kämpft und sich untereinander zunehmend uneinig zeigt.[1]

Die Türkei ist nach einem misslungenen Putsch, dessen Hintergründe weiter unklar sind, in den Ausnahmezustand getreten und im Namen der Demokratie wird Macht immer stärker zentralisiert und an wenige Personen gebunden. Der Rechtsstaat dort scheint mehr als gefährdet.[2]

In vielen europäischen Staaten gewinnen sog. Rechtspopulisten immer mehr Stimmenanteile und sind in Ungarn, Österreich, Polen und Dänemark bereits in Regierungsverantwortung. Sie äußern durchaus berechtigte Kritik und geben Sorgen der Bürger eine politische Stimme. Tun sie dies aber aus authentisch demokratischen Gründen oder aus purem Selbstinteresse?[3][4]

Die USA steht erneut vor einem Wahlkampf um den Einzug in das Weiße Haus und auf dessen Schwelle steht mittlerweile der Außenseiter Trump, dem das im Vorwege niemand zugetraut hatte. Sollte er tatsächlich Präsident werden, wird die Welt wohl noch komplizierter, noch selbstherrlicher, noch machtorientierter.

Angesichts solch zahlreicher und wirkungsmächtiger internationaler Problemstellungen stellt sich die Frage, ob da unsere kleine nationale Initiative überhaupt noch Bedeutung hat. Oft hören wir auch in Gesprächen bei Erläuterung unserer Initiative, dass es uns in Deutschland doch eigentlich gut geht. Warum also an unserer repräsentativen Demokratie überhaupt etwas ändern?
Wir sind hingegen überzeugt:

---

[1] Die ZEIT, 28.Juli 2016
[2] Die ZEIT, 21.Juli 2016
[3] Die ZEIT, 4.August 2016
[4] SZ, 6.8.2016

Gerade jetzt – angesichts der geschilderten weltweiten Verwerfungen – ist es im besonderen Maße erforderlich, dass Verfassung, Staat und Politik von vielen Bürgern getragen werden. Wir müssen uns alle einbringen. Denn eine Demokratie ohne Volk, ohne Bürger mit Verantwortungsbereitschaft für Verfassung, Staat und Gemeinschaft ist im Grunde keine wirkliche Demokratie; sie würde und wird allzu leicht zum Spielball der Mächtigen. Wir alle stehen daher angesichts weltweiter Probleme vor der großen Herausforderung, in unserem unmittelbaren Wirkungsbereich gemeinsam und gleichberechtigt an der Weiterentwicklung unserer eigenen und kostbaren Demokratie kontinuierlich so zu arbeiten, dass Fehlentwicklungen frühzeitig beseitigt werden und unser Zusammenleben als gutes Beispiel mit regionaler, nationaler, ja globaler Geltung dienen kann.

Wir meinen, dieser Gegenentwurf macht einen Unterschied im positiven Sinn.

Wir halten ihn angesichts geschilderter Verwerfungen auch für absolut notwendig.

Deutschland im August 2016

Die Herausgeber

Inhaltsverzeichnis

Einführung

Mit der „Initiative Verfassungskonvent" versuchen wir seit 2011 mit Hilfe von drei Internetseiten, diversen Treffen und Arbeitskreisen auf Bundesebene, die Reflexion über Grundlagen und Konzepte unseres politischen und gesellschaftlichen Systems zu intensivieren. Unserer Überzeugung nach – wie wir es in den „Berliner Perspektiven" zum Ausdruck gebracht haben (siehe Anhang).

Es ist jetzt der richtige Zeitpunkt

- die Demokratie neu zu fassen und zu verfassen,

- die Einflussmöglichkeiten des Volkes in die Politik neu zu gestalten,

- die demokratischen Regeln so zu fassen, dass das Volk selbst Politik machen kann für das Volk.

Wir streben daher einen neuen Gesellschaftsvertrag in Form einer Verfassung an.

Dazu gehört nicht nur:

- der „Volksentscheid ins Grundgesetz" (siehe: Leipziger Aufruf" – im Anhang) und

- die Entscheidung des Volkes über eine Verfassung, die es auf der Basis des Grundgesetzes neu zu erarbeiten gilt, durch die Einberufung eines Verfassungskonventes,

- ebenso bedeutsam – die Überwindung der vielen Systemfehler und damit verbunden die Entwicklung systemischer Neuansätze.

Zusammengefasst: Uns schwebt eine evolutionäre Erneuerung unserer Politik- und Gesellschaftsordnung vor (Abschnitt 2). Dies möchten wir (stichwortartig) begründen (Abschnitt 3) und koppeln mit einigen Überlegungen zu einem neuen Gesellschaftsvertrag (Abschnitt 4).

Es wäre als Alternative bzw. Ergänzung zum Verfassungskonvent auch durchaus denkbar, in einem ersten Schritt das bestehende Grundgesetz durch eine Volksabstimmung zur Verfassung zu erheben und zunächst das Volk als Souverän zu etablieren – so wie es der Verein «Verfassung vom Volk» anstrebt, um den Dialogprozess um die ideale inhaltliche Ausgestaltung der Verfassung als unmittelbaren Folgeschritt anzuschließen.

Kurz möchten wir an einigen Beispielen Konstruktionsfehler und Schwächen im gegenwärtigen Politik- und Gesellschaftssystem aufzeigen (Abschnitt 5). Korrekturen an Symptomen ändern nichts an grundsätzlichen Fehlern im Systemansatz! Deshalb muss ggf. auch über Neuansätze und alternative Konzeptentwicklungen nachgedacht werden.

In unserer Gesellschaft gibt es bewundernswert viele Ideen und Konzepte für alternative Systeme und Verfahrensweisen; einige Beispiele aus diesem Bereich stellen wir unter „Blaupausen für eine neue Politik- und Gesellschafts-Architektur" (Abschnitt 6) vor. Alle diese Vorlagen sollten dem „Verfassungskonvent" als Materialien dienen; ebenso die vorhandenen Verfassungsentwürfe (Abschnitt 8) – auch hier wollen wir nur einige Beispiele zur Verdeutlichung aufzeigen. Gleichzeitig empfehlen wir, über das Entscheidungsverfahren nachzudenken, da eine reine „Mehrheitsentscheidung" selten optimale eine optimale Lösung bietet. Als einen in diesem Zusammenhang interessanten wie relevanten Neuansatz gehen wir näher auf das „Systemische Konsensieren" ein (Abschnitt 7).

Wie erreichen wir die Weiterentwicklung unserer Politik- und Gesellschaftsordnung?

Wir sehen keine Umsetzungs-Chancen im Rahmen der Form gegenwärtiger Politik, wie auch die vergeblichen Initiativen in den Jahren 1990-1994 gezeigt haben: Weder scheint eine offene wie öffentliche Reflexion zu diesen Herausforderungen möglich – noch die öffentliche Diskussion und gemeinsame Entwicklung alternative Konzepte. Die Zivilgesellschaft selbst muss die Initiative ergreifen! Wir möchten deshalb einen zivilgesellschaftlich initiierten „Bürger-

Konvent", deren Vertreter durchs Volk gewählt und dessen Realisierung durch das Volk finanziert werden muss (Einzelheiten im Abschnitt 9).

Zum Schluss entwickeln wir den „Vorschlag für eine Umsetzungsstrategie" (Abschnitt 10) über einen „Bürger-Konvent".

Trotz allem nachgesagten Optimismus sind wir der festen Überzeugung, dass es jetzt allerhöchste Zeit ist, um über einen konstruktiven, evolutionären, zukunftsweisenden politischen und gesellschaftlichen Neuansatz nicht nur nachzudenken, sondern diesen qualitativen „Sprung" in eine höhere Entwicklungsstufe zu initiieren und zu realisieren. Die Erarbeitung und Entscheidung über eine Verfassung ist für uns der „Hebel", um uns von diesem erschöpften und destruktiven System zu trennen, welches nicht nur die Spaltung der Gesellschaft in Arm und Reich immer mehr forciert, sondern die gesamte Werteordnung aushebelt. Dieser Weg kann auch eingeschlagen werden als Folgeschritt zu einer im ersten Schritt erfolgten Etablierung des Volkes als Souverän der Verfassung – ein Ansatz wie ihn unsere Freunde des Vereins «Verfassung vom Volk» aus Hannover vertreten und verfolgen (Kap. 10.2).

Um ein solches Vorhaben zu realisieren, bedarf es nicht nur der inhaltlichen Impulse, sondern auch der Voraussetzungen für eine operative Umsetzung. Das heißt konkret, wir bedürfen enormer finanzieller Mittel, um ein solches Vorhaben zu realisieren. Wir verfügen aber nicht über diese Ressourcen; zumal jeder Schritt – völlig unabhängig von den gegenwärtigen politischen und wirtschaftlichen Entscheidungsträgern – gegangen werden muss. Wir sind deshalb auf die finanzielle Unterstützung durch die Bürgerinnen und Bürger angewiesen. Entsprechende Projekte des „Crowdfunding" werden wir auf den entsprechenden Internetseiten platzieren.

Viele der von uns angesprochenen Punkte werden auch in unserem Koordinationsteam noch intensiv und engagiert diskutiert. Wir erbitten von Ihnen insbesondere eine rege Beteiligung auf unseren Internetseiten, um Ihre Überzeugungen und Anregungen vorzutragen; wir werden diese aufgreifen und mit Ihnen in den Dialog treten.

Wir – das herausgebende Koordinationsteam:

Joachim Sikora
Dr. Hans-Jochen Gscheidmeyer
Ralf Liebers

bedanken uns sehr herzlich für jede konstruktive Unterstützung!

Troisdorf, Bremen, Sankt Augustin, im August 2016

INITIATIVE - VERFASSUNGSKONVENT.DE

UNSERE ZIELE:

1. Das Grundgesetz durch eine Verfassung ablösen

Es ist Zeit, das seit 1949 als "Grundgesetz" geltende Provisorium endlich durch eine vom Volk in freier Entscheidung beschlossene Verfassung abzulösen. Dazu ermächtigt und fordert uns der Art. 146 dieses Grundgesetzes auf: **Art 146 GG**

„Dieses Grundgesetz, *das nach Vollendung der Einheit und Freiheit Deutschlands für das gesamte deutsche Volk gilt*, **verliert seine Gültigkeit an dem Tage, an dem eine Verfassung in Kraft tritt, die von dem deutschen Volke in freier Entscheidung beschlossen worden ist."**

Eine Verfassung wird idealerweise besonders dann vom Volk getragen und mit Leben erfüllt werden, wenn sie in einem breiten, jedem Bürger zugänglichen Dialogprozess entwickelt wird.

2. **Sammlung und Vorstellung von systemischen Neuansätzen**
Internetseite www.deutschland-neu-starten.de

3. **Diskussion dieser Neuansätze**
Internetseite www.visionsofpolitics.de statt.

4. **Initiierung einer Bürgerbewegung zur Einberufung eines zivilgesellschaftlich organisierten „Bürger-Konventes".**
Internetseite: www.initiative-verfassungskonvent.de

5. **Einberufung eines „Verfassungs-Konventes"**
Auf der Grundlage entsprechender Gesetze wird der Konvent – durch den Bundeswahlleiter – organisiert und staatlich finanziert.

1. Warum sollten wir das Grundgesetz durch eine Verfassung ablösen wollen?

Vom Notbau zum festen Haus

Demokratische Verfassungen sind Angelegenheiten des Volkes – nicht der Regierungen, denn Rechtsstaaten und deren Regierungen werden durch die Verfassung überhaupt erst legitimiert. Eine Verfassung, die Ausdruck des freien Willens der Bevölkerung sein soll, Willkür durch Recht zu ersetzen und sich diesem zu unterwerfen, kann nur von dieser Bevölkerung selbst erarbeitet und beschlossen werden. Dass dies bei der Verabschiedung des Grundgesetzes noch nicht möglich war, ist ein entscheidender Grund, warum wir heute überhaupt eine neue, nun aber vom Volk zu beschließende Verfassung brauchen. Treffender als alle anderen hat am 8. Mai 1949, dem Tag der Verabschiedung des Grundgesetzes, Prof. Carlo Schmid, der Vorsitzende des Hauptausschusses des Parlamentarischen Rates, die damalige Situation beschrieben: „Es ist alter und guter Brauch, dass eine Verfassung durch das Volk sanktioniert werden muss. Aber wir wollen hier ja keine Verfassung machen. (...) Wir haben hier doch nur einen Schuppen, einen Notbau, und einem Notbau gibt man nicht die Weihe, die dem festen Hause gebührt."[5]

Aber 2016, fast 70 Jahre danach, geht es nicht mehr um einen Schuppen, sondern um das feste Haus. Dabei können wir auf dessen Fundament einer vom Volk bestimmten Verfassung nicht verzichten. Um diese Notwendigkeit deutlich zu machen, haben die Mütter und Väter des Grundgesetzes im Artikel 146 GG unmissverständlich zum Ausdruck gebracht, dass eine "Verfassung" nur "von

---

[5]Rede des Abgeordneten Carlo Schmid im Parlamentarischen Rat, 8. September 1948 [aufgezeichnet in «Der Parlamentarische Rat 1948-1949, Akten und Protokolle» Band 9, herausgegeben vom Deutschen Bundestag und vom Bundesarchiv, Harald Boldt Verlag im R. Oldenbourg Verlag, München 1996, Seite 20 ff. (im Archiv des Bundestages stehen die Protokolle gebunden im Büro von Günther J. Weller)]

dem deutschen Volke" selbst in "freier Entscheidung" beschlossen werden kann.

Die Vorstellung der Bundesregierung

Der „Vertrag zwischen der Bundesrepublik Deutschland und der Deutschen Demokratischen Republik über die Herstellung der Einheit Deutschlands – „Einigungsvertrag" vom 31. August 1990 (Inkrafttreten: 29. September 1990) – beauftragt deshalb auch die „gesetzgebenden Körperschaften des vereinten Deutschlands, sich innerhalb von zwei Jahren" mit den Fragen der Verfassungsgebung in Gestalt einer „Änderung oder Ergänzung des Grundgesetzes" und dabei „insbesondere ... mit der Frage der Anwendung des Artikels 146 des Grundgesetzes und in deren Rahmen (mit) einer Volksabstimmung" zu befassen.[6] Es lag der „Verfassungsentwurf des Zentralen Runden Tisches der DDR" vor und die Ausarbeitung eines eigenen Verfassungsentwurfes nach der Systematik des Grundgesetzes unter Einbeziehung des Runden-Tisch-Entwurfes.

In der von den Regierungen beider Seiten ausgearbeiteten und dem Einigungsvertrag angefügten „Denkschrift" findet sich dann allerdings die Behauptung, es habe sich der „Anspruch des Grundgesetzes, aus der verfassunggebenden Gewalt des Volkes hervorzugehen", mit dem Beitritt der neuen Länder zum Grundgesetz bereits „erfüllt". Mit dieser ebenso merkwürdigen wie unzutreffenden Feststellung verknüpft die Bundesregierung die Konsequenz, „dass die Arbeiten zur Novellierung von Verfassungsbestimmungen in dem im Grundgesetz verankerten Verfahren erfolgen und den Anforderungen des Artikels 79 des Grundgesetzes uneingeschränkt unterliegen mit der Folge, dass Verfassungsänderungen einer Zweidrittelmehrheit in den gesetzgebenden Körperschaften bedürfen."[7]

---

[6]https://de.wikipedia.org/wiki/Einigungsvertrag
[7]http://www.dominik-storr.de/02-ra-storr-standpunkte/02-13-maer-gesamtdeutsche-verfassung.html

Diese Auffassung ist falsch. Ein Beitritt der neuen Länder zum Grundgesetz ist kein Ersatz für den im Grundgesetz verbürgten Anspruch des deutschen Volkes auf die freie Wahl einer Verfassung und für das nur dem Volk zustehende Recht auf die Ausübung der verfassungsgebenden Gewalt. Dieser Schritt baut den von Carlo Schmid beschriebenen Notschuppen nur weiter aus, er baut nicht das feste Haus. Denn es ist unzulässig, das im Grundgesetz angelegte Verfahren eines Verfassungsreferendums durch das Volk (Artikel 146 GG) auf das ganz andere, für Änderungen des Grundgesetzes durch die Organe der verfassten Gewalt vorgeschriebene Verfahren (Artikel 79 GG) zu reduzieren. Beide Regelungen enthalten völlig verschiedene Gegenstände, verschiedene Subjekte und dementsprechend verschiedene Verfahrensweisen und Quoren. Zudem ist noch anzumerken, dass in einer vom Volk bestimmten und verabschiedeten Verfassung ja durchaus auch das Volk selbst einen Einfluss und ein Mitspracherecht bei jeder zukünftigen Verfassungsänderung erhalten könnte, vermutlich als Souverän dieser Verfassung sogar zwingend erhalten müsste.

Dass die Regierung trotzdem den Weg gewählt hat, die verfassungsgebende Gewalt des Volkes auf das im Art. 79 GG vorgesehene Änderungsverfahren zu beschränken, ist zugleich ein deutlicher Hinweis darauf, dass sich das Volk sein ureigenes Recht, den plebiszitären Weg zur gesamtdeutschen Verfassung, offensichtlich erst erkämpfen muss.

Eine ernsthafte, eingehende Verfassungsdebatte ist daher längst überfällig, die Etablierung des Volks als Souverän der Verfassung kann ihr dabei durchaus vorangehen.

Das Grundgesetz ist über 60 Jahre alt. 40 Jahre lang war Deutschland geteilt. Seit über 20 Jahren sind Mauer, Stacheldraht und Minenfelder verschwunden. Die formale Vereinigung ist erreicht – der gemeinsam zu formulierende Gesellschaftsvertrag liegt als Aufgabe noch vor uns.

Der Verfassungsdiskussion kommt bei der Erfüllung dieser Aufgabe eine wesentliche Rolle zu. Denn in ihr findet das Bemühen um die gemeinsame Gestaltung der Gegenwart und Zukunft Ansatz und Ausdruck. Durch sie kann die äußere Form des neuen Staates mit demokratischer und politischer Substanz gefüllt werden.

Verfassungsfragen sind auch Lebens- und Leitfragen. Sie gehen alle an. Denn die Verfassung definiert den Rechtsrahmen, innerhalb dessen wir alle leben und unser Zusammenleben gestalten und entwickeln wollen. Und sie sichert die Rechte des Einzelnen, zieht die Grenzen, innerhalb derer sich alle Gesetze und staatlichen Organe bewegen müssen, und ist oft der letzte Schutz gegen Machtmissbrauch und unzulässige Beschneidungen der Freiheit.

Das zeigt, was und wie wichtig eine Verfassung ist. Aber, lässt sich einwenden: Wir haben doch ein Grundgesetz, um das uns viele beneiden! Warum also eine Verfassungsinitiative?

Der Auftrag des Grundgesetzes

Auf den Trümmern des nationalsozialistischen Unrechtsstaates sollte wieder ein Rechtsstaat errichtet werden; das Volk aber war zu der Etablierung einer Verfassung in dieser Situation nicht in der Lage. Ein grundlegendes Gesetz, stellvertretend und verdienstvoll geschaffen durch die Mütter und Väter des GG sollte auf Zeit an seine Stelle treten. Bewusst nannte man es «Gesetz», denn die Verfassung, welche das *über* dem Gesetz stehende «Recht» erst schafft, sollte – das Grundgesetz ablösend – durch das Volk zu einem späteren, passenden Zeitpunkt geschaffen werden. Die erfolgende Teilung Deutschlands schob diesen Zeitpunkt dann weiter auf zunächst unbestimmte Zeit hinaus.

Das Grundgesetz hat sich in den zurückliegenden 60 Jahren bewährt. Aber es löst nicht die großen Aufgaben, die heute, beim Zusammenwachsen Europas und beim Eintritt in ein neues weltpolitisches Zeitalter vor uns liegen.

Vor allem aber: Das Grundgesetz war als Provisorium gedacht. Es wurde 1949, unter Besatzungsrecht und dem Eindruck der sich verfestigenden Teilung Deutschlands, geschaffen, um – wie die

Präambel wörtlich formulierte – „dem staatlichen Leben für eine Übergangszeit eine neue Ordnung zu geben". Nur deshalb heißt es „Grundgesetz" und nicht „Verfassung", weil es nicht vom Volk beschlossen wurde. Eine Verfassung, die zu recht diesen Namen trägt, kann es, dem Text des Grundgesetzes und dem Willen des Parlamentarischen Rates zufolge, erst nach der Überwindung der Teilung geben. Das wurde in der Präambel und in der Schlussbestimmung des Grundgesetzes (Artikel 146) unmissverständlich zum Ausdruck gebracht.

Auch durch die Neufassung des Artikels 146 im Einigungsvertrag hat sich daran nichts geändert. Das Grundgesetz selbst enthält nach wie vor den Auftrag zur Verfassungsgebung. Die Zustimmung des gesamten deutschen Volkes zu einer deutschen Verfassung bleibt also weiter als Herausforderung bestehen, ja, sie ist während der Wiedervereinigung durch die Nichtbeachtung der politischen Institutionen sogar zu einer noch drängenderen Aufgabe geworden, dem das deutsche Volk unbedingt gerecht werden muss, will es seine Selbstbestimmung nicht aus der Hand geben und will es seine Würde und Selbstachtung nicht völlig verlieren.

Die demokratische Legitimation der Verfassung

Die Aufgabe, eine Verfassung für das geeinte Deutschland auszuarbeiten, die vom Volke beschlossen wird, entspricht den elementaren Grundsätzen der Demokratie. Die Verfassung ist Angelegenheit des Volkes. Auch den Mitgliedern des Parlamentarischen Rates war bewusst, dass eine demokratische Verfassung richtigerweise vom Volk selbst beschlossen werden muss. Doch die Inkraftsetzung des Grundgesetzes war alles andere als ein Akt der Volkssouveränität in der Form der verfassunggebenden Gewalt des Volkes. Man hat damals nur deshalb auf eine Volksabstimmung verzichtet und sich mit einem Provisorium begnügt, weil einem Teil der Deutschen die Mitwirkung an einer Abstimmung versagt geblieben wäre. Heute jedoch wäre diese Abstimmung möglich. Deshalb gilt nun für die Bürgerinnen und Bürger in allen Bundesländern der Auftrag, das bisherige

Provisorium durch eine vom Volk beschlossene Verfassung abzulösen. Durch den Beitritt der DDR hat sich also der Verfassungsauftrag nicht erübrigt, sondern er ist dadurch überhaupt erst möglich – und nötig! – geworden.

Zusätzliche Argumente für die Ablösung des GG durch eine Verfassung

Die Art und Weise wie wir DEMOKRATIE betreiben (insbesondere die gegenwärtige Parteien-Oligarchie!) ist an die Grenze ihrer Leistungsfähigkeit – und nicht zuletzt ihrer Legitimität! – gekommen. Systembedingt ist fast jede „Reform" eine „Verschlimmbesserung".

Die wichtigsten Maßstäbe für demokratische Politik, die Menschenwürde und die Gemeinwohlorientierung, sind abhanden gekommen. Dem bisherigen System der Meinungs- und Willensbildung unter Vermeidung politischer Partizipation des Einzelnen muss durch eine neue Kultur der politischen Beteiligung begegnet werden.

Wir stehen vor der Neuerfindung des politischen Selbst.

Der Föderalismus ist zu einem System der organisierten Verantwortungslosigkeit degeneriert; die Aufgaben müssten neu verteilt, die Subsidiarität umgesetzt und die Regionalisierung gestärkt werden. Auch der Demokratisierungsprozess auf europäischer Ebene muss neu gestaltet werden.

Inhaltliche Gründe für eine Verfassung

Wichtiger noch sind für uns die inhaltlichen Gründe, die zur Ausarbeitung einer neuen Verfassung Anlass geben.

Die Verfassungsdiskussion bietet uns die ebenso notwendige wie einzigartige Chance, Bilanz zu ziehen: Was hat sich bewährt, was muss verändert, was verbessert und was neu aufgenommen werden?

Hier nur einige Stichworte, die der weiteren Präzisierung bedürfen:

Zur Wirklichkeit, der sich eine Verfassung stellen muss, gehört heute die fortschreitende Zerstörung der natürlichen Lebensgrundlagen und die wachsende Vergiftung von Boden, Luft und Wasser, die die Zukunft der Menschen und zahlreicher Tier- und Pflanzenarten gefährdet. Dieses Problem spielte bei der Verabschiedung des Grundgesetzes noch keine Rolle und fand deshalb darin keine Berücksichtigung. Heute aber ist die Beachtung der ökologischen Zusammenhänge und der Schutz der natürlichen Lebensgrundlagen zur wichtigsten Überlebensfrage der ganzen Menschheit geworden. Eine Verfassung, die zu diesem essentiellen Thema schweigt, ist daher nicht mehr zeitgemäß.

Mit den sozialen Veränderungen seit der Nachkriegszeit und dem Wandel im Wertegefüge und Bewusstsein der Menschen hat sich auch deren Rollenverständnis einschneidend geändert.

Eine der wichtigsten Aufgaben jeder Verfassung ist es, staatliche wie halbstaatliche oder private Machtausübung zu begrenzen und demokratischer Kontrolle zuzuführen.

Der Erfahrungen der letzten 60 Jahre haben auch in der Bundesrepublik erhebliche Demokratiedefizite deutlich werden lassen. Machtmissbrauch, die Übermacht der Exekutive und der politischen Parteien und die immer wieder schmerzhaft empfundene Ohnmacht der Bürgerinnen und Bürger führen zu einer wachsenden Staats-, Parteien- und Politikverdrossenheit. Deshalb bedarf es der Stärkung der Demokratie und der unmittelbaren Mitwirkungsrechte der Bürgerinnen und Bürger. Angefangen von Informations- und Kontrollrechten bis hin zu Volksinitiativen, Volksbegehren und Volksentscheide gilt es, auf allen Ebenen, die Rechte der Bürgerinnen und Bürger zu stärken. Dies ist auch ein Vermächtnis der friedlichen Revolution, der Bürgerbewegungen und der Runden Tische in der ehemaligen DDR.

Seit vielen Jahren beobachten wir in Wirtschaft, Staat und Politik einen ständigen Zentralisierungsprozess. Dies führt zu immer größeren Konzernen mit immer weniger Wettbewerb, sondern vor allem auch zur Verlagerung von Kompetenzen an größere, immer weiter von den Menschen entfernten Einheiten. Auch der Föderalismus, eines der wichtigsten Strukturprinzipien der Bundesrepublik, steht in vielen Bereichen nur noch auf dem Papier. In der Praxis wurden die Länderrechte zugunsten des Bundes immer weiter ausgehöhlt. Die gleiche Tendenz wiederholt sich jetzt beim Übergang von Rechten des Bundesparlaments an die nicht ausreichend demokratisch strukturierten Organe der Europäischen Gemeinschaft. Dieser fraglos gefährliche, antidemokratische Trend kann nur durch eine bewusste verfassungsrechtliche Stärkung der Gemeinden, der Regionen und einer Neugestaltung des Föderalismus verändert werden.

Der Kalte Krieg und der weltweite Rüstungswettlauf haben uns an den Rand eines Abgrundes gebracht. Diese Erkenntnis und die geänderte Weltlage nach dem Abbau des Eisernen Vorhanges verpflichten uns, im Rahmen einer neuen Verfassung die Voraussetzungen für massive Abrüstungen und den Aufbau einer neuen, auf Vertrauen und Gegenseitigkeit gegründete Friedensordnung zu schaffen. Neue Gefahren entstehen dabei durch die von uns mit verursachte erschreckende Armut vieler Menschen und Völker und die daraus resultierende wachsende Zahl der Konflikte und der Flüchtlinge auf dieser Erde. Statt in der Androhung militärischer Stärke und dem Export kriegstauglicher Waffen muss Deutschland künftig seine Aufgabe in einer sehr viel größeren Bereitschaft zur internationalen Zusammenarbeit, Solidarität und Hilfe für die Armen dieser Erde sehen.

Das Sozialstaatsprinzip des Grundgesetzes (Art. 20) bedarf der Konkretisierung, indem beispielsweise alle Wirtschaftssubjekte in das System der sozialen Sicherung integriert werden. Gleichzeitig ist ein Überdenken der Vielfalt der Sicherungsangebote zugunsten einer einheitlichen Grundsicherung (Grundeinkommen?) angesagt.

Das System der „Sozialen Marktwirtschaft" hat sich immer mehr zu einem finanzmarktdominierten Kapitalismus entwickelt.

Demgegenüber könnte als ein neues Ziel die „Gemeinwohl-Ökonomie" in die Verfassung integriert werden.

Die Forderung nach einer grundlegenden Reform der Demokratie wird lauter. Mit der Verfassung sollte ein Konzept zur grundsätzlichen Neustrukturierung der Demokratie vorgelegt werden; Fragen zur Realität bestehender Gewaltenteilung bis hin zu alternativen Vorstellung einer erweiterten, etwa aus sechs „Gewalten" bestehende Demokratieordnung.

Grundgesetz Art. 20 Abs. 2: „Alle Staatsgewalt geht vom Volke aus"

In einer wahren Demokratie sollte alle Macht vom Volke ausgehen; das betont auch der obige zentrale Artikel unseres Grundgesetzes. Doch die Wirklichkeit sieht anders aus, übrigens nicht nur in Deutschland. Die Parteien, so steht es in Art. 21 Abs. 1 des GG, „wirken bei der politischen Willensbildung des Volkes mit". De facto agieren sie aber als alleinige Träger der politischen Willensbildung. Die Staatsgewalt, so heißt es in Art. 20. Abs. 2 weiter, „wird vom Volke in Wahlen und Abstimmungen ... ausgeübt". Seit Verabschiedung des Grundgesetzes 1949 wurden diese Bestimmungen missachtet. Zunächst haben sich die Politiker als Repräsentanten ihrer Wähler zum Monopolisten politischer Willensbildung und Entscheidung entwickelt. Daraus wurde mit der Zeit unter Herausbildung einer Parteienoligarchie die Abkehr von der repräsentativen Demokratie und der Demokratie selber. Längst ist die größte Bevölkerungsgruppe nicht mehr durch das Parlament vertreten: Nichtwähler und Wähler kleiner Parteien machen mehr als 50 % der Wahlberechtigten aus. Es ist höchste Zeit, die Demokratie wieder herzustellen.

Ein erster, längst überfälliger Schritt ist die rechtsverbindliche Aufnahme bundesweiter Volksinitiativen, Volksbegehren und Volksentscheide ins Grundgesetz (bzw. ein Ausführungsgesetz dazu). Siehe: „Leipziger Aufruf" der „Initiative-Verfassungskonvent" vom 09. Oktober 2012 (im Anhang). Das Wort „Abstimmungen" ist seit mehr als 60 Jahren weggesperrt worden. Die Bürger dürfen auf Bundesebene zwar alle paar Jahre wählen; abstimmen aber durften sie nie. „Das ist ein Verfassungsverstoß durch Unterlassen, „ein Verfassungsverbrechen im Fortsetzungszusammenhang", laut Heribert Prantl.[8]

Das Grundgesetz – eine Übergangslösung

Ausschnitte aus der Rede von Prof. Carlo Schmid:[9] *„... Das französische Verfassungswort: La Nation une et indivisible: die eine und unteilbare Nation bedeutet nichts anderes, als dass die Volkssouveränität auch räumlich nicht teilbar ist. ..."* Nur das gesamte deutsche Volk kann «volkssouverän» handeln, und nicht ein kleinster Teil davon. Ein Teil von ihm könnte es nur dann, wenn er legitimiert wäre, als Repräsentant der Gesamtnation zu handeln, oder wenn ein Teil des deutschen Volkes durch äußeren Zwang endgültig verhindert worden wäre, seine Freiheitsrechte auszuüben. Dann wäre ja nur noch der Rest, der bleibt, ein freies deutsches Volk, das deutsche Volkssouveränität ausüben könnte.

Es gibt fast mehr Einschränkungen der deutschen Befugnisse in diesem Dokument als Freigaben deutscher Befugnisse!

Die erste Einschränkung ist, dass uns für das Grundgesetz bestimmte Inhalte auferlegt worden sind; weiter, dass wir das Grundgesetz, nachdem wir es hier beraten und beschlossen haben, den Besatzungsmächten zur Genehmigung werden vorlegen müssen. Dazu möchte ich sagen: Eine Verfassung, die ein anderer zu genehmigen hat, ist ein Stück Politik des Genehmigungsberechtigten, aber kein reiner Ausfluss der Volksouveränität des Genehmigungspflichtigen!

---

[8]Heribert Prantl. Südd. Zeitung vom 26. Juni 2012
[9]Rede des Abgeordneten Carlo Schmid im Parlamentarischen Rat, 8. September 1948 [aufgezeichnet in «Der Parlamentarische Rat 1948-1949, Akten und Protokolle» Band 9, herausgegeben vom Deutschen Bundestag und vom Bundesarchiv, Harald Boldt Verlag im R. Oldenbourg Verlag, München 1996, Seite 20 ff. (im Archiv des Bundestages stehen die Protokolle gebunden im Büro von Günther J. Weller)]

Die zweite Einschränkung ist, dass uns entscheidende Staatsfunktionen versagt sind: Auswärtige Beziehungen, freie Ausübung der Wirtschaftspolitik; eine Reihe anderer Sachgebiete sind vorbehalten. Legislative, Exekutive und sogar die Gerichtsbarkeit sind gewissen Einschränkungen unterworfen.

Die dritte Einschränkung: Die Besatzungsmächte haben sich das Recht vorbehalten, im Falle von Notständen die Fülle der Gewalt wieder an sich zu nehmen. Die Autonomie, die uns gewährt ist, soll also eine Autonomie auf Widerruf sein, wobei nach den bisherigen Texten die Besatzungsmächte es sind, die zu bestimmen haben, ob der Notstand eingetreten ist oder nicht.

Vierte Einschränkung: Verfassungsänderungen müssen genehmigt werden.

Also: Auch die jetzt freigegebene Schicht der ursprünglich voll gesperrten deutschen Volkssouveränität ist nicht das Ganze, sondern nur ein Fragment. Daraus ergibt sich folgende praktische Konsequenz: Um einen Staat im Vollsinne zu organisieren, muss die Volkssouveränität sich in ihrer ganzen Fülle auswirken können. Wo nur eine fragmentarische Ausübung möglich ist, kann auch nur ein Staatsfragment organisiert werden. Mehr können wir nicht zuwege bringen, es sei denn, dass wir den Besatzungsmächten gegenüber Rechte geltend machen, die sie uns heute noch nicht einräumen wollen, was aber eine ernste politische Entscheidung voraussetzen würde. Das müsste dann ihnen gegenüber eben durchgekämpft werden. Solange das nicht geschehen ist, können wir, wenn Worte überhaupt einen Sinn haben sollen, keine Verfassung machen, auch keine vorläufige Verfassung, wenn «vorläufig» lediglich eine zeitliche Bestimmung sein soll. Sondern was wir machen können, ist ausschließlich das Grundgesetz für ein Staatsfragment.

Damit glaube ich die Frage beantwortet zu haben, worum es sich bei unserem Tun denn eigentlich handelt. Wir haben unter Bestätigung der alliierten Vorbehalte das Grundgesetz zur Organisation der heute freigegebenen Hoheitsbefugnisse des deutschen Volkes in einem Teile Deutschlands zu beraten und zu beschließen.

Wir haben nicht die Verfassung Deutschlands oder Westdeutschlands zu machen. Wir haben keinen Staat zu errichten.

Erstens: Das Grundgesetz für das Staatsfragment muss gerade aus diesem seinen inneren Wesen heraus seine zeitliche Begrenzung in sich tragen. Die künftige Vollverfassung Deutschlands darf nicht durch Abänderung des Grundgesetzes dieses Staatsfragments entstehen müssen, sondern muss originär entstehen können. Aber das setzt voraus, dass das Grundgesetz eine Bestimmung enthält, wonach es automatisch außer Kraft tritt, wenn ein bestimmtes Ereignis eintreten wird. Nun, ich glaube, über diesen Zeitpunkt kann kein Zweifel bestehen: «an dem Tage, an dem eine vom deutschen Volke in freier Selbstbestimmung beschlossene Verfassung in Kraft tritt." Deshalb enthält das am 23. Mai 1949 verabschiedete Grundgesetz den Art. 146 GG: **„Dieses Grundgesetz,** *das nach der Vollendung der Einheit und Freiheit Deutschlands für das gesamte deutsche Volk gilt,* **verliert seine Gültigkeit an dem Tage, an dem eine Verfassung in Kraft tritt, die von dem deutschen Volke in freier Entscheidung beschlossen worden ist."** (der *kursiv* gesetzte Teil wurde 1990 eingefügt). **Die Zeit ist nicht nur reif für Volksentscheide – sie ist reif für eine Weiterentwicklung der Demokratie!**

1. Für eine authentische Orientierung an universalen Gerechtigkeitsprinzipien
2. Für neue Formen der Gewaltenteilung
3. Für neue Formen der Bürgermitwirkung (Volksinitiativen, -begehren, -entscheide)
4. Für neue Formen der Bürgerbeteiligung (z. B. die „Konsultative")
5. Für neue Formen der Lösungsfindung (z. B. „Systemisches Konsensieren")
6. Für neue digitale Verfahren (Liquid Democracy)

7. Für eine Orientierung am Gemeinwohl

8. Für eine systemisch integrierte Zivilgesellschaft

9. Für eine verstärkte Bedeutung der Region

10. Für einen Umbau des Föderalismus

11. Für völlig neu gestaltete Politikbereiche

Unsere Demokratie sollte nicht auf der Ebene von John Locke (seine Empfehlung stammt aus dem Jahre 1690) oder von Montesquieu (sein Vorschlag der „Judikativen" stammt aus 1748) – also im Postkutschenzeitalter – stagnieren. Die Demokratie muss sich weiter entwickeln; in Richtung einer partizipatorischen Demokratie auf der Basis von Transparenz und Partizipation.
Dies setzt nicht nur eine Überarbeitung des Grundgesetzes, sondern die Erarbeitung einer Verfassung voraus, die vom deutschen Volke in freier Entscheidung beschlossen wird (Art. 146 GG).

2. Evolution unserer Politik- und Gesellschaftsordnung

Wenn wir in unseren Freundes- und Bekanntenkreisen über den Ist-Zustand in Politik und Gesellschaft sprechen, so reagieren diejenigen, denen es GUT geht, gemäß der politischen Kampagne „Deutschland geht es gut!" und kritisieren oder beschimpfen uns sogar, was wir denn wollten, es gehe uns doch eben GUT – und jene, die auf die Sozialhilfe angewiesen sind, reagieren mit Resignation.

Wenn wir im Internet surfen und nach gesellschaftlichen und politischen Änderungsinitiativen schauen, so ließen sich „locker" einige zehntausend solcher Aktionen zusammentragen; von tausenden von Umwelt- bis zu tausenden von Sozialreformvorschlägen, von hunderten von Alternativen im Wirtschafts- und Finanzsektor bis zu hunderten von Vorschlägen zur Bildungsreform. Die Folge ist jedoch katastrophal, denn in der Konsequenz führt sie zu einer *Atomisierung* der Reformkräfte.

Was nützen Detailänderungen, wenn das entsprechende System vom Grundsatz her falsch angelegt ist? Wenn wir eine kleine Änderung im Steuerkonzept vornehmen, was ändert dies am Finanzsystem? Wenn wir schneller und unbürokratischer Arbeit vermitteln würden, ändert dies etwas an den falschen Grundsätzen des Wirtschaftssystems?

Die vielen positiven Initiativen in unserem Land erweisen sich als wirkungslos – warum?

Weil in der Regel nur an Detail-Änderungen gedacht und gearbeitet, nicht aber die Tatsache beachtet wird, das grundsätzliche Systemfehler nicht durch die Modifizierungen in Details verändert werden.

Was uns aber ebenso wichtig erscheint, ist die Weiterentwicklung der vorhandenen Konzepte. Seit über 200 Jahren kennen wir – beispielsweise – die „Gewaltenteilung"; John Locke entwickelte innerhalb der zweiten Abhandlung über die Regierung (und zwar im 12. bis 14. Kapitel – vor über 250 Jahren) seine Theorie der Gewaltenteilung und zwar die Exekutive und die Legislative. In seinem zentralen Werk *Vom Geist der Gesetze*, 1748, fügte Montesquieu die „Legislative" hinzu. Wäre es nicht an der Zeit über eine Weiterentwicklung dieses Konzeptes nachzudenken? Mal ganz abgesehen von der Tatsache, dass die Umsetzung der Gewaltenteilung hierzulande nicht wirklich existiert (siehe unten).

Wir sehen es als eine Herausforderung an, eine höhere Stufe der Evolution in allen Bereichen von Politik und Gesellschaft zu erreichen – also Deutschland 6.0!

Die drei bekannten Gewalten ergeben sich ganz natürlich aus den sich stellenden Aufgaben nach dem Schließen des Urvertrages. Mit diesem erkennen die vertragschließenden Menschen an, dass unter ihnen in Zukunft das Recht herrschen soll und dass es Gewalt und Willkür ablöst. Diesem Recht haben sich alle gleichrangig zu unterwerfen. Es stellen sich unter diesen Bedingungen folgende Aufgaben:

1) Nach welchen Regeln/Gesetzen will man leben? (Legislative)

2) Wie wendet man das Recht an bei Zuwiderhandlung und Verstoß? (Judikative)

3) Wie setzt man das Recht durch? Wie schafft man die Bedingungen für ein gutes und gerechtes Leben, nach Möglichkeit für alle? (Exekutive)

Diese Gewalten sollen unabhängig voneinander ausgeübt werden und gehören nicht mehr in ein und dieselbe Hand, da aufgrund hinreichender Erfahrung aus absolutistischen Zeiten Machtanhäufung und Willkür verbannt werden sollen. Die durch das Volk als Souverän bestimmte Verfassung stellt hierbei den geltenden Rechts- und Deutungsrahmen dar. Dieser sollte weiter an das Volk gebunden sein und dort gebunden bleiben – inhaltliche Veränderungen und sinnvollerweise auch institutionelle Kontrolle.

3. Warum wollen wir unser Politik- und Gesellschaftssystem weiterentwickeln?

Futurologen – nehmen wir als Beispiel Horst W. Opaschowski[10] - stellen die Welt im Wandel als wissenschaftlich abgesicherten Zukunftsreport vor. Dabei werden aber die oben aufgezeigten systemischen Konstruktionsfehler nicht infrage gestellt. Auch die „Megatrends" des Zukunftsforschers Matthias Horx[11] stellen zwar die Frage: Wie zukunftsfähig der globalisierte Kapitalismus ist? – doch

---

[10]Opaschowski, Horst W., Deutschland 2020 – Wie wir morgen leben – Prognosen der Wissenschaft, Verlag für Sozialwissenschaften, Wiesbaden 2004
[11]Horx, Matthias, Das Megatrend-Prinzip – Wie die Welt von morgen ensteht, Deutsche -Verlags-Anstalt, München 2011

systemische Änderungen sind nicht zu erkennen; unsere heutigen Probleme werden vor allem durch neue Formen der Kooperation gelöst. Auch die eindringlichen Worte von Stéphane Hessels „Empört Euch!"[12], dessen Überlegungen uns sehr beeindruckt haben, rufen zwar zum friedlichen Widerstand gegen die Ungerechtigkeiten in unseren Gesellschaften auf; gegen die Diktatur des Finanzkapitalismus, gegen die Unterdrückung der Minderheiten, gegen die Umweltzerstörung auf unserem Planeten – aber bringt uns das wirklich weiter?

Auch Jean Ziegler's[13] Hoffnung, das die kannibalische Weltordnung gestürzt werden kann, gründet zwar auf der erstarkten planetarischen Zivilgesellschaft, auf der Vielfalt der sozialen Widerstandsfronten, auf ihren Kampf gegen Ausbeutung, Gewalt und Marktradikalismus – aber systemische Neuansätze sind bei ihm nicht zu finden.

Wir benötigen aber systemische Neuansätze, um einen qualitativen Sprung zu vollziehen.

... der Würde wegen

GG Art 1 (1) „Die Würde des Menschen ist unantastbar. Sie zu achten und zu schützen ist Verpflichtung aller staatlichen Gewalt".

Nach der Enzyklika „Mater et Magistra" muss „der Mensch der Träger, Schöpfer und das Ziel aller gesellschaftlichen Einrichtungen sein" (MM 219)[14]; demzufolge kommt der politisch-sozialen Verfassung einer Gesellschaft und ihren funktionalen Teilsystemen (Wirt-

---

[12]Hessel, Stéphane , Empört Euch!,12. Auflage, Ullstein-Verlag, Berlin 2011
[13]Ziegler, Jean – Ändere die Welt!, C. Bertelsmann-Verlag, 7. Auflage, München 2014
[14]http://w2.vatican.va/content/john-xxiii/de/encyclicals/documents/hf_j-xxiii_enc_15051961_mater.html

schaft, Recht, Bildung) eine instrumentelle Funktion zu. „Die gesell-schaftliche Ordnung und ihre Entwicklung müssen sich dauernd am Wohl der Person orientieren; denn die Ordnung der Dinge muss der Ordnung der Person dienstbar werden und nicht umgekehrt" – nach „Gaudium et spes" Nr. 26[15].

Für Franz-Josef Wetz besteht weltanschauungsneutral (soweit möglich) „der wahre Gehalt menschlicher Würde in verwirklichten Menschenrechten – einem Leben in körperlicher Unversehrtheit, freiheitlicher Selbstbestimmung und Selbstachtung sowie in sozialer Gerechtigkeit".[16]

Wenn auch im nach-metaphysischen Zeitalter eine „Letztbegrün-dung" nicht vorstellbar ist, so bleibt doch der konkrete Gestaltungs-auftrag.

... der Souveränität wegen

GG Art. 20 (2) Alle Staatsgewalt geht vom Volke aus.

Unter dem Begriff „Souveränität" versteht man in der Rechtswissen-schaft die Fähigkeit einer natürlichen oder juristischen Person zu ausschließlich rechtlicher Selbstbestimmung. Diese Selbstbestim-mungsfähigkeit wird durch Eigenständigkeit und Unabhängigkeit des Rechtssubjektes gekennzeichnet und grenzt sich so vom Zustand der Fremdbestimmung ab. In der Politikwissenschaft versteht man darunter die Eigenschaft einer Institution, innerhalb eines politischen Ordnungsrahmens einzige Grundlage der gesamten Staatsgewalt zu sein.[17]

---

[15]http://www.vatican.va/archive/hist_councils/ii_vatican_council/documents/vat-ii_const_19651207_gaudium-et-spes_ge.html
[16]Wetz, Franz-Josef, Die Würde des Menschen: antastbar?, S. 16.
[17]https://de.wikipedia.org/wiki/Souver%C3%A4nit%C3%A4t

... der Gerechtigkeit wegen

Wir begreifen die Gerechtigkeit – aufbauend auf der entsprechenden Haltung von Personen, der Gerechtigkeit als Tugend («*dikaiosynê*»; *Aristoteles*) – als grundlegendes Ordnungsprinzip jeder demokratisch organisierten Gemeinschaft, das Ordnungsprinzip des Rechten und Gerechten («*dikaion*»; *A.*). Gerecht ist danach jeder, der sich aus Einsicht und Überzeugung richtig verhält, nicht aber derjenige, der es mit Blick auf mögliche Strafe nur aus Angst tut. Zur höchsten Stufe der «Rechtstreue» gehört aber auch, autoritätsgläubige Regel- und Gesetzesbefolgung zu Gunsten einer kritischen Haltung zu überwinden, «ungerechte» Gesetze erkennen zu können und aus guten Gründen konsequent auf ihre Änderung oder gar Abschaffung hinzuwirken.

Im Zusammenleben kommen verschiedene Teilaspekte der Gerechtigkeit zum Tragen. So kennt man die «partikulare Gerechtigkeit» (äußere Güter wie Ämter, Würden, Einkommen, Gesundheit, Sicherheit usw.) mit den Teilbereichen der «Verteilungsgerechtigkeit« und der «Tauschgerechtigkeit» oder der «Leistungsgerechtigkeit». Die Gerechtigkeit kennt aber auch die Notwendigkeit einer manchmal erforderlichen Korrektur allzu strengen "holzschnittartigen" Rechts, nämlich das Prinzip der «Billigkeit» oder auch der «ausgleichenden Gerechtigkeit», welche gerechtfertigte Milde und menschliches Verständnis sinnvoll zur Geltung bringt und Gerechtigkeit vom harten «positiven» Recht und Gesetz wohltuend unterscheidet.

Hier wird das «Recht nach der Sache», was Gerechtigkeit hauptsächlich kennzeichnet, auch zu einem «Recht nach der Person und der konkreten Umstände».

Das Ordnungsprinzip der Gerechtigkeit besagt zudem, dass jedem Menschen sein Recht zukommt, als Person anerkannt zu werden und ein menschenwürdiges Dasein zu führen. Jedem Menschen steht das Recht zu, die grundlegenden materiellen und immateriellen Möglichkeiten zu haben, um sein Leben in eigener Verantwortung zu gestalten und bei der Gestaltung des Lebens in der Gesellschaft mitbestimmen und mitwirken zu können. Dieses Grundrecht jedes Menschen ist von allen anderen wie von der gesamten Gesellschaft zu respektieren, wie umgekehrt jeder die Rechte der anderen und des Ganzen der Gesellschaft respektieren muss.

Einen besonderen Schwerpunkt bildet die sozialen Gerechtigkeit als übergeordnetes gesellschaftliches Leitbild. Dieses Leitbild besagt: Angesichts real unterschiedlicher Ausgangsvoraussetzungen ist es ein Gebot der Gerechtigkeit, bestehende Diskriminierungen aufgrund von Ungleichheiten abzubauen und allen Gliedern der Gesellschaft gleiche Chancen und gleichwertige Lebensbedingungen zu ermöglichen.

Aber ebenso die Beförderung unterschiedlicher Talente auf optimale Weise; diese beiden Richtungen entsprechen auch den bekannten Formen von Freiheit: Der «negativen» Freiheit («frei von» Diskriminierung) und «positive» Freiheit («frei für» meinen Weg der Vervollkommnung). Es ist nämlich durchaus beides „gerecht": Unterschiede zu erkennen und sich nach dem Prinzip «Suum cuique – Jedem das Seine» zu verhalten, solange man nicht zur Diskriminierung und aktiver Benachteiligung aufgrund von Verschiedenheit beiträgt. Justitia trägt aus gutem Grund nicht nur die Binde, sondern auch die Waage und sogar das Schwert. Für Aristoteles ist die Gerechtigkeit die „vollkommene" Tugend und er setzt ihr noch die «Hochherzigkeit» und «Freigiebigkeit» an die Seite, wobei sich aber die Gerechtigkeit eben nicht wie jene nur mit Vermögen und Einkommen beschäftigt und mit freiwilligem Tun, sondern auch mit dem rechtsethisch wichtigen Bereich des «Geschuldeten». Dieser Bereich ist u. U. zwangsbewehrt und kann – notfalls sogar vor Gericht – durchgesetzt werden.

In dem Begriff der sozialen Gerechtigkeit drückt sich aus, dass soziale Ordnungen wandelbar und in die gemeinsame moralische Verantwortung der Menschen gelegt sind. Zur Verwirklichung von Gerechtigkeit gehört es daher, dass alle Glieder der Gesellschaft an der Gestaltung von gerechten Beziehungen und Verhältnissen teilhaben und in der Lage sind, ihren eigenen Gemeinwohlbeitrag zu leisten.

„Suche nach Gerechtigkeit ist eine Bewegung zu denjenigen, die als Arme und Machtlose am Rande des sozialen und wirtschaftlichen Lebens existieren und ihre Teilhabe und Teilnahme an der Gesellschaft nicht aus eigener Kraft verbessern können. Soziale Gerechtigkeit hat insofern völlig zu Recht den Charakter der Parteinahme für alle, die auf Unterstützung und Beistand angewiesen sind ... Sie erschöpft sich nicht in der persönlichen Fürsorge für Benachteiligte, sondern zielt auf den Abbau der strukturellen Ursachen für den Mangel an Teilhabe und Teilnahme an gesellschaftlichen und wirtschaftlichen Prozessen."[18]

... der Freiheit wegen

Wir denken dabei vor allem an drei Typen von Menschenrechten:

* zum einen individuelle Freiheitsrechte, die den Schutz gegen Eingriffe Dritter oder des Staates in den Bereich persönlicher Freiheit gewährleisten: Religions-, Gewissens- und Meinungsfreiheit; Recht auf faire Gerichtsverfahren; Schutz der Privatsphäre und von Ehe und Familie; Freiheit der Berufstätigkeit und Freizügigkeit;

* zum anderen politische Mitwirkungsrechte, die Möglichkeiten eröffnen, selbst auf das öffentliche Leben Einfluss zu nehmen: Versammlungs- und Vereinigungsfreiheit, aktives und passives Wahlrecht, Pressefreiheit;

* schließlich wirtschaftlich-soziale und kulturelle Freiheitsrechte, die den Anspruch auf Teilhabe an den Lebensmöglichkeiten der Gesellschaft begründen und Chancen menschlicher Entfaltung sichern: Recht auf Bildung und Teilnahme am kulturellen Leben,

---

[18]Gemeinwohl und Eigennutz. Eine Denkschrift der Evangelischen Kirche in Deutschland, 1991, Ziff. 155.

Recht auf Arbeit und auf faire Arbeitsbedingungen, Recht auf soziale Sicherung und Gesundheitsversorgung, auf Wohnung, Erholung und Freizeit.

... der Solidarität wegen

»Die Bundesrepublik Deutschland« ist ein demokratischer und sozialer Bundesstaat«. So lautet der Art.20.1 unseres Grundgesetzes.
Gesagt wird im GG darüber nichts, wie und worin das Soziale sich zeigen soll. Die Solidarität beispielsweise ist eine der wichtigen Ausprägungen unserer sozialen Beziehungen. Der aus dem alten Römischen Recht stammende Begriff stand ursprünglich für eine wechselseitige Haftung innerhalb der Familie und innerhalb weiterer wohldefinierter Gemeinschaften. In diesem Zusammenhang bestand auch ein klar definierter Anspruch auf «solidarische» Hilfe und Unterstützung im Notfalle. Seit dem 18. Jhdt. ist dieser Begriff der «Solidarität» aber zunehmend inflationär gebraucht worden und die Grenzziehung zur Mitmenschlichkeit, auf die kein rechtlicher Anspruch im obigen Sinne bestehen kann, ist heute oft schwierig. Eine zukünftige Verfassung könnte und sollte hier für mehr Klarheit sorgen.

Solidarität drückt sich z.B. aus durch Beteiligung an den Steuerlasten: Mehrverdiener zahlen einen höheren Beitrag.
Wir zahlen sogar einen «Solidaritätszuschlag».
Im Kranken- und Sozialsicherungssystem gelten ähnliche Regeln.
Aber es gibt auch die Privatversicherungen und die Beamten.
Sind diese Regeln noch fair? Ist das heutige System wirklich solidarisch und sozial? Wir meinen nicht. Lasten durch Flüchtlinge in der Kranken- und Sozialversicherung sollen nur die Versicherungspflichtigen tragen. Der Solidaritätszuschlag wurde entgegen früherer Regierungszusagen bei ihrer Ersterhebung zur heimlichen Steuererhöhung. Lohnarbeit wird wesentlich höher besteuert als Kapitalgewinne. Unternehmen entziehen sich der Steuer häufig durch «Umzug» ins Ausland, z.B. nach Luxemburg oder Holland. Vielleicht wäre eine Besteuerung ihres Umsatzes/Land eine Idee für Rückkehr

zu früherer Solidarität und adäquate Beteiligung an der genutzten Infrastruktur?

Grund genug, in einer neuen Verfassung die Richtung deutlicher vorzugeben, welche Rechtsprinzipien wir für sozial und solidarisch halten wollen. Und das gilt ganz sicher nicht nur für finanzielle Beteiligung allein.

... des Gemeinwohls wegen

Das Gemeinwohl ist als Leitbild vom guten Leben innerhalb des Gemeinwesens zu entwickeln; genauer: der in ihm vereinten Menschengruppen. Es bezieht sich auf das Ganze des Lebens in allen seinen Dimensionen, den physischen und den psychischen, den materiellen und den ideellen, den öffentlichen und den privaten, den politischen und den rechtlichen, den ökonomischen und den kulturellen. Die staatliche Organisation ist die notwendige Voraussetzung dafür, um die Bedingungen des Gemeinwohls zu entwickeln und zu gewährleisten. Die Organisation des Staates ist dabei nicht Zweck, sondern Instrument. Aber es darf nicht die Verpflichtung sein, nach anderer Leute Vorgabe selig werden zu müssen. Die individuelle Freiheit muss dabei erhalten bleiben und das Gerechtigkeitsprinzip des «Suum cuique – Jedem das Seine» berücksichtigt werden. Es kann sich also nur um Angebote handeln, z. B. in Bildung, Kultur, Ausbildung, Freizeitgestaltung, Religion wie Beruf.

... der Regionalität/Subsidiarität wegen

Aufgabe der staatlichen Gemeinschaft ist es, die Verantwortlichkeit der einzelnen und der kleinen Gemeinschaften zu ermöglichen und zu fördern. Die gesellschaftlichen Strukturen müssen daher gemäß dem Grundsatz der Regionalität und Subsidiarität so gestaltet werden, dass die einzelnen und die kleineren Gemeinschaften den Freiraum haben, sich eigenständig und eigenverantwortlich zu entfalten.

Es muss vermieden werden, dass die Gesellschaft, der Staat oder auch die Europäische Union Zuständigkeiten beanspruchen, die von nichtstaatlichen Trägern oder auf einer unteren Ebene des Gemeinwesens ebenso gut oder besser wahrgenommen werden könnten. Auf der anderen Seite müssen die einzelnen wie die kleinen Gemeinschaften aber auch die Hilfe erhalten, die sie zum eigenständigen, selbsthilfe- und gemeinwohlorientierten Handeln befähigt, wie sie auch bereit sein müssen, die überlassenen Aufgaben zum Wohle der Region zu übernehmen. Dieser Haltung liegt zugrunde, dass die Blickrichtung eines jeden Gemeinwesens, auch des Staates, immer auf die Freiheit und die Rechte des Individuums gerichtet sein müssen, und somit immer die Eigenständigkeit, aber auch Eigenverantwortlichkeit der kleinsten Einheit zu fördern hat.

... der Umwelt wegen

Grundbedingung für eine zukunftsfähige Entwicklung ist die Erhaltung der natürlichen Grundlagen des Lebens. Kein Land der Erde wird auf lange Sicht dadurch reicher, dass es diese Grundlagen zerstört. Als Verteilungsregel sollte daher gelten: Recht und Billigkeit der Ressourcennutzung müssen sowohl unter der jetzt lebenden Weltbevölkerung als auch im Ablauf der Generationen gewährleistet sein. Um die Tragekapazität der ökologischen Systeme nicht zu überschreiten, können der Natur nicht unbegrenzt Rohstoffe entnommen und nur so viele Rest- und Schadstoffe in sie eingebracht werden, wie sie ohne Schaden aufzunehmen vermag. Diese Kriterien der Nachhaltigkeit nötigen dazu, den ökologischen Strukturwandel voranzubringen. Er setzt Änderungen des Lebensstils voraus, und er zieht solche Änderungen nach sich. Dies erfordert auf längere Sicht die Zusammenarbeit der Nationen und wohl auch die Schaffung von Institutionen, Parlament, Justiz und Regierung auf globaler Ebene, demokratisch legitimiert durch die Staaten und den entstehenden Weltbürgern.

... der zukünftigen Generationen wegen

Die Weiterentwicklung unseres Gesellschaftssystems bezieht sich nicht nur auf die gegenwärtige Generation; sie schließt die Verantwortung für die kommenden Generationen ein. Die gegenwärtige Generation darf nicht auf Kosten der Kinder und Kindeskinder wirtschaften, die Ressourcen verbrauchen, die Funktions- und Leistungsfähigkeit der Gesellschaft aushöhlen, Schulden machen und die Umwelt belasten. Auch die künftigen Generationen haben das Recht, in einer intakten Welt zu leben und deren Ressourcen in Anspruch zu nehmen.

... zur Annäherung und Aussöhnung von Staat und Gesellschaft

Auch dieses integrierende und zukunftsoptimistische Potenzial trauen wir einer gezielten Verfassungsarbeit mit einem bewussten Blick auf die handelnden Personen zu. Die Neuzeit hielt lange Zeit nichts von der weisen Einsicht der Antike, dass Integrität und Bürgertugend notwendige Begleiter sind für einen gerechten Staat. Es geht dabei nicht um eine «Moralisierung des Staates», wie einige Politiker befürchten (US Präsident J. Madison, The Federal Papers No.10). Es geht vielmehr darum, die Bürgertugenden den staatlichen Institutionen zur Stärkung der Demokratie unterstützend an die Seite zu stellen. So wird die Wahrscheinlichkeit, den Rechtsstaat weiter entwickeln zu können deutlich erhöht, wenn man in der Gemeinschaft über integre Politiker und wohlgesinnte Bürger verfügt. Außerdem wird dadurch aus dem heute leider allzu üblichen Gemenge von Amtsträgern und Untertanen eine Gemeinschaft von Freien und Gleichen.

Die in diesem Zusammenhang wichtigsten Bürgertugenden entfallen auf vier Ebenen:

1) Für den Bürger als handelnder Teilnehmer an Recht und Ordnung und deren Institutionen: «*Rechtssinn*» - bzw. in fortgeschrittener Form «Rechtsgesinnung» – und «*Zivilcourage*».

2) Zur Fortbildung von Rechtsstaat und Gesellschaft «Gerechtigkeitssinn» und unter dem Einfluss von Kulturvielfalt und Globalisierung nicht zuletzt «Toleranz».

3) Mit Blick auf den eigenen Staat der «Bürgersinn».

4) Mit Blick auf die eigene Gesellschaft der «Gemeinsinn».

Darüber hinaus spielen auch die in anderen Bereichen wichtigen allgemeinen Tugenden wie «Besonnenheit», «Klugheit», «Gelassenheit» eine wesentliche und ergänzende Rolle.

4. Überlegungen zum Gesellschaftsvertrag

(Beitrag von Dr. Reinhard Stransfeld) – **Einführung**

Wenn wir über eine neue Verfassung nachdenken, die den bisherigen Rahmen der bloßen politischen Ordnung sprengen und der Idee einer gesellschaftlichen Ordnung verpflichtet sein soll, ist es zweckmäßig, sich noch einmal kurz die Notwendigkeit, ja, die dramatische Unverzichtbarkeit eines derartigen Schrittes zu vergegenwärtigen:

„Hunger und Armut seien hauptsächlich die Folge unzureichender politischer Rechte und ungerechter sozialer Strukturen…Die Forderung nach ökonomischer Gerechtigkeit lässt sich nicht trennen von philosophischen und politischen Fragen über die Verteilung von Macht und Verantwortung in der Gesellschaft.“[19]

---

[19]FAZ v. 13.4.2014:32

Der indische Nobelpreisträger Amartya Sen wurde in seinem Verständnis durch eine Hungersnot im Jahr 1943 geprägt, die drei Millionen Menschen das Leben kostete – nicht deshalb, weil sie unvermeidlich war, sondern weil die britischen Behörden ihre Kraft darauf richteten, die Opferzahlen zu verschleiern und die Presse an der Berichterstattung zu hindern.

Dem Wesen nach handelt es sich allerdings nicht um ein neues Phänomen. Vielmehr findet sich darin eine Kontinuität früh entwickelter gefundener Attitüden bürgerlicher Gesinnung, wie es sich aus Thomas Mores Beobachtungen im 16. Jahrhundert erschließt:

»Wenn ich nun also meinen Blick auf noch so blühende Staaten in unserer Zeit richte, so sehe ich, Gott verzeih mir, nichts als eine einzige Verschwörung der Reichen, die unter dem Aushängeschild des Begriffes «Staat» einzig und allein ihren Vorteil suchen; dabei bedienen sie sich in raffiniert erklügelter Form jeglicher Art von Täuschung, um schließlich zu erreichen, dass sie ihren schon mehr oder weniger betrügerisch zusammengerafften Besitz ungefährdet behalten können, sodann, dass sie sich die Fronarbeit der Armen für ein möglichst geringes Entgelt für ihren Missbrauch zu sichern vermögen. Und sobald es der vermögenden Klasse gelungen war, diese Machenschaften zum allgemein beobachteten Brauch werden zu lassen, waren sie auch schon zum Gesetz erhoben.«[20]

Mit voranschreitender Zeit hat das Prinzip nunmehr global-imperiale Dimensionen gewonnen, so spiegeln es David Rockefellers Worte auf der Bilderberg-Konferenz des Jahres 1991:

„Die supranationale Souveränität einer intellektuellen Elite und der Bankiers der Welt ist der in den vergangenen Jahrhunderten praktizierten nationalen Selbstbestimmung sicherlich vorzuziehen."

Es ist ein Ausblick auf eine Welt nach libertärem Wunschbild, die letztlich keinen Staat mehr kennt, in der selbst Justiz und Militär

---

[20]Thomas Morus (More): Utopia. Goldmann, München 1960, S. 131

privatisiert sind («libertär» enthält zwar noch den Wortstamm «libertas = Freiheit», meint aber die Unfreiheit des jeweils anderen). CETA und TTIP stellen einen großen und möglicherweise unumkehrbaren Schritt in diese Richtung dar. Was es bringen wird, wurde bereits prophetisch beschrieben, bevor noch ein solches Abkommen nur als Gedanke existierte, im Jahr 1889:

„Schrankenlose Vertragsfreiheit zerstört sich selbst. Eine fürchterliche Waffe in der Hand des Starken, ein stumpfes Werkzeug in der Hand des Schwachen, wird sie zum Mittel der Unterdrückung des Einen durch den Anderen, der schonungslosen Ausbeutung geistiger und wirtschaftlicher Übermacht."[21]

Jedoch handelt es sich nicht um eine Fehlentwicklung aus naturhaft „heilen" Verhältnissen: Vielmehr ist *„Parasitismus [...] ein evolutionäres Erfolgsmodell. Wissenschaftler schätzen, dass fast die Hälfte aller Lebewesen auf der Erde Parasiten sind."*[22]

Das heißt nichts anderes, als dass originäre „Wertschöpfung" einen Fundus darstellt, auf dem sich eine Pyramide der Ausbeutung erhebt, gewöhnlich als Nahrungskette bezeichnet, in der der Mensch sich gern als letztes Glied sieht. Dank technischer Mittel kann nun jedes einzelne Mitglied der menschlichen Gesellschaft selbst originäre Überschüsse erzielen, so dass der Kette ein weiteres Glied erwachsen konnte, rekrutiert von einer Schicht von Menschen, die sich nicht scheuen, ihresgleichen zum Ausbeutungsobjekt zu machen.

Was immer über Ethik und Menschenrechte in eine Verfassung hineingeschrieben ist, muss wirkungslos bleiben, sofern nicht die Basis der materiellen Existenz, die Wertschöpfung in ihren Allokations- und Distributionsmechanismen, in diesem Lichte bedacht ist.

Stattdessen handeln jedoch alle existierenden Verfassungen von der Ordnung des Staates. Die Verwunderung weicht dem

---

[21] zit. nach Uwe Wesel: *Geschichte des Rechts in Europa. Von den Griechen bis zum Vertrag von Lissabon.* C. H. Beck, München 2010, S. 487
[22] Tagesspiegel 13.7.2013:29

Verstehen, wenn man sich eine Analyse vergegenwärtig, die einst Max Weber vorgenommen hatte: Mit der französischen Revolution, gemeinhin als proletarische verstanden, etablierte sich der National-konvent als legislative Versammlung. Unter dessen Mitgliedern gab es „einen einzigen Proletarier, sehr wenige bürgerliche Unterneh-mer, dagegen massenhaft Juristen aller Art."[23]

Dies wiederum war Ausfluss der antiken römischen Staatskon-struktion und seiner Rechtsverhältnisse. Nicht die Belange der Men-schen und die Verhältnisse der Vermögensentstehung durch die Verteilung der Wertschöpfung standen im Zentrum, vielmehr die Si-cherung einmal bestehender Vermögen mittels ausgefeilter rechtli-cher Regelungen.

Die moderne Demokratie und der moderne Advokat gehören da-her schlechthin zusammen, resümiert M. Weber. Denn *"der politi-sche Betrieb durch Parteien bedeutet (gesinnungslosen [S.51]) Inte-ressenbetrieb. Und eine Sache für Interessenten wirkungsvoll zu führen, ist das Handwerk des geschulten Advokaten."* (S.31). Die Parlamente sind darin machtlos (S.55), ihre Mitglieder lediglich *"dis-zipliniertes Stimmvieh"* (S.49), in der Sorge um den eigenen Verbleib im Geschäft der *"Ämterpatronage"* (S.20).

Wenn wir also heute einen Demokratieverlust beklagen, waren die Verhältnisse, die wir beklagen, bereits vor fast einem Jahrhun-dert kaum anders. Was hat sich wirklich verändert? Es ist das Ver-hältnis der Herrschenden zur Masse. Als Einzelne schon immer ge-ring geschätzt, waren die Bürger als Wissensträger und Anwender der technischen Mittel in der ersten Phase der Industrialisierung Ga-rant der Mehrwerterzeugung und konnten Zugeständnisse abfor-dern.

Mit der zweiten Phase der Industrialisierung – Einverleibung menschlicher Wissens- und Handlungspotentiale in Maschinen

---

[23]Max Weber: Politik als Beruf. Reclam, Stuttgart 1992:30f.

durch Algorithmen – hat sich die Produktionswelt, ja, jegliche Leistungsorganisation dramatisch verändert. Zusätzlich der Zugriff auf expropriierte Massen in der restlichen Welt – damit haben die arbeitenden Bürger in ihrer Gesamtheit an Bedeutung eingebüßt und die Vermögensumverteilung von unten nach oben sowie der voranschreitende Verfall des Bildungssystems sind sichtbare Zeichen der Entwicklung: Warum in etwas investieren, das man immer weniger braucht?

Das Streben nach einer neuen und tatsächlich demokratischen Verfassung muss sich also drei Herausforderungen vergegenwärtigen:

- die Basis menschlicher als immer schon gesellschaftlicher Existenz dank gemeinschaftlicher Wertschöpfung entwerfen,

- die Menschenrechte nicht nur deklarieren, sondern über „Mechanismen" nachsinnen,

- diese in den gesellschaftlichen Dynamiken dauerhaft zu sichern, sich Juristen (weitgehend) vom Hals halten.

– Grundgedanken zum Gesellschaftsvertrag

Nach dem bisherigen Verfassungsverständnis waren die Angelegenheiten des Staates zu ordnen. Dabei blieben zentrale gesellschaftliche Anliegen, insbesondere die Ordnung der Wertschöpfungsverhältnisse als materielle Basis jeglicher Existenz und damit Voraussetzung für jegliche weitere Ordnungsanliegen ausgespart. An dieser Basis muss also eine neue Verfassung, die diesen Titel gern weiter führen darf, inhaltlich jedoch einen Gesellschaftsvertrag für alle wesentlichen gemeinschaftlichen Gestaltungsfelder darstellen muss, ansetzen.

Der Begriff des Gesellschaftsvertrages wurde vom Jean-Jacques Rousseau geprägt, und es ist zweckmäßig, sich zunächst mit seinen

Vorstellungen vertraut zu machen. Der folgende Text ist einem Beitrag in Wikipedia entnommen.[24]

[24][http://de.wikipedia.org/wiki/Vom_Gesellschaftsvertrag_oder_Prinzipien_des_Staatsrechtes]

Rousseaus Werk geht von drei Grundannahmen aus:

- Voraussetzung der menschlichen Gemeinschaft (frz. *l'état civil*) ist – im Gegensatz zum Menschen im Naturzustand (frz. *l'état de nature*) – ein Vertrag (frz. *pacte social*).

- Grundlage dieses Vertrages ist der 'Gemeinwille' (frz. *volonté générale*), der nicht der Summe der Einzelinteressen entspricht, sondern absolut ist.[JMT 1] Er geht von allen aus und zielt auf das Wohl aller. [JMT 2] Gemeinwille und Gerechtigkeit fallen bei Rousseau zusammen. Sie haben ihren gemeinsamen Ursprung in der Vernunft und beruhen auf Gegenseitigkeit.[JMT 3]

- Alle ordnen sich diesem Vertrag freiwillig unter.[JMT 4] Da der Gemeinwille unfehlbar ist, ist die freiwillige Zustimmung aller selbstverständlich.

Der Aufklärer Rousseau schreibt vor allem mit seinem Begriff der *volonté générale* die transzendentale Staatsphilosophie Platons fort (Siehe Ideenlehre). Sein Entwurf eines Idealstaates unterscheidet sich so radikal von der politischen Wirklichkeit des Ancien Régime, sodass das sofortige Verbot seiner Schrift keineswegs verwundert. Die Sprengkraft liegt vor allem darin, dass er keine Rechtfertigung der konstitutionellen Monarchie unternimmt, wie Locke und Montesquieu es noch versuchten. Rousseau baute sein utopisches Gemeinwesen auf das Prinzip der universellen Richtigkeit, die da heißt *volonté générale*. Sie besitzt ihre Gültigkeit jenseits von Rechten und Privilegien des Adels und Königshauses.

Rousseaus Ansatz identitärer Demokratie ist dem Repräsentationsprinzip angelsächsischer Demokratietheorien diametral entgegengesetzt. Geht es bei Rousseau um den allgemeinen Willen, hinter dem sich die Vorstellung verbirgt, dass es ein Gemeinwohl gäbe, was allen Mitgliedern der Gesellschaft gleichermaßen dienlich sei, so ist die moderne Auffassung von Demokratie diesem Gedanken insofern entgegengesetzt, als es hier um ein Verständnis von Demokratie im Sinne konkurrierender Auffassungen und Interessen geht. (s.a. Konkurrenztheorie: James Madison, Joseph Schumpeter)

Wenn wir also über eine neue Verfassung sprechen, die inhaltlich einem Gesellschaftsvertrag entspricht, ist dies weit mehr als eine Etikettierungsfrage, wie sich am Gegensatz von direkter Demokratie und dem Repräsentationsprinzip zeigt. Meine persönliche Auffassung ist, dass

- der Gemeinwille keineswegs unfehlbar ist und daher kritisierbar bleiben muss, wofür geeignete Verfahren bereitgestellt werden müssen.

- angesichts der Komplexität moderner Gesellschaften Delegation unumgänglich ist. Es käme also darauf an, Elemente beider Grundvorstellungen aufzugreifen und synergetisch aufzubereiten.

Wie kann das geschehen? Eine Definition zur Verfassung, die einst Immanuel Kant vorgelegt hatte, vermittelt fruchtbare Denkanstöße:

Die Bändigung der Teufel

„Nun ist die republikanische Verfassung[25] die einzige, welche dem Recht der Menschen vollkommen angemessen, aber auch die schwerste zu stiften, vielmehr noch zu erhalten ist, dermaßen dass viele behaupten, es müsse ein Staat von Engeln sein, weil die Menschen mit ihren selbstsüchtigen Neigungen einer Verfassung von so sublimer Form nicht fähig wären…

…Das Problem der Staatserrichtung ist, so hart wie es auch klingt, selbst für ein Volk von Teufeln (wenn sie nur Verstand haben) auflösbar und lautet so: ´Eine Menge von vernünftigen Wesen, die insgesamt allgemeine Gesetze für ihre Erhaltung verlangen, deren jedes aber insgeheim sich davon auszunehmen geneigt ist, so zu

---

[25]als Gegenentwurf zum monarchistischen Herrschaftsgefüge. Heute würde Kant von der demokratischen Verfassung sprechen.

ordnen und ihre Verfassung einzurichten, dass, obgleich sie in ihren Privatgesinnungen einander entgegen streben, diese einander doch so aufhalten, dass in ihrem öffentlichen Verhalten der Erfolg eben derselbe ist, als ob sie keine solche böse Gesinnung hätten"[26].

Manchem (wie vor kurzem einem guten Freund) mag es erscheinen, dass diese Zeilen das Gleiche meinen, wenn Adam Smith von der „unsichtbaren Hand" spricht:

„…wenn er (der Unternehmer) dadurch die Erwerbstätigkeit so fördert, dass ihr Ertrag den höchsten Wert erzielen kann, strebt er lediglich nach eigenem Gewinn. Er wird in diesem wie auch in vielen anderen Fällen von einer unsichtbaren Hand geleitet, um einen Zweck zu fördern, der keineswegs in seiner Absicht lag. Es ist auch nicht immer das Schlechteste für die Gesellschaft, dass dieser nicht beabsichtigt gewesen ist. Indem er seine eigenen Interessen verfolgt, fördert er oft diejenigen der Gesellschaft auf wirksamere Weise, als wenn er tatsächlich beabsichtigt, sie zu fördern."[27]

Bei Smith sind Wunsch und Handeln in ihrem eigennützigen Charakter kongruent. Die "unsichtbare Hand" (in Gestalt der Preisbildung auf freien, nicht monopolisierten Märkten) steuert das Verhalten letztlich so, dass der Gemeinschaftsnutzen davon profitiert, ist die Logik. Es muss jedoch eine äußere Idealbedingung (monopolfreier Markt mit Akteuren auf Augenhöhe) erfüllt sein, damit das Konzept Früchte trägt.

„Die durch gerechtes Verhalten der Parteien auf dem Markt bestimmten Preise, d. h. die ohne Betrug, Monopol oder Gewalt erzielten Wettbewerbspreise wären alles, was die Gerechtigkeit verlangt."[28]

So einfach stellt sich für von Hajek diese Ökonomie dar. Was ist davon zu halten?

---

[26]Immanuel Kant: Zum ewigen Frieden (1795). Reclam, Stuttgart 1984, S. 30.
[27]Adam Smith: Der Wohlstand der Nationen. dtv, München 1993:371 [4/2]
[28]In: Recht, Gesetzgebung und Freiheit. Bd.2, S. 106.

„Vielen Nationalökonomen fehlt die einfache Kenntnis der alltäglichen Wirtschaft mit ihren Kämpfen, die mit List und Verschleierung und Brutalität geführt werden."[29]

Das ist die Wirklichkeit. Unabhängig davon, ob die "unsichtbare Hand" im Idealfall tatsächlich die gesamtwirtschaftliche Optimierung bewirken könnte, sind die realen Verhältnisse so beschaffen, dass es sich niemals erweisen kann. Die Antwort der Juristen ist die Verrechtlichung. Jedoch, was geschieht, wenn *mit List und Verschleierung und Brutalität* das Recht verbogen wird?

Anders bei Kant. Der eigennützige Wunsch mag zunächst vorhanden sein, ist jedoch im öffentlichen Verhalten nicht mehr virulent. Was ist geschehen in der Phase zwischen Wunschbildung und Handlungsvollzug? Hier wird ein immer noch eigennütziger Verhaltenswunsch nicht erst durch die äußeren Verhältnisse blockiert oder umgeformt, sondern zuvor, im Menschen, auf eine andere Bahn gelenkt. Man beachte die Formulierung *...wenn sie nur Verstand haben*!

Weder eine unsichtbare Hand am Markt, noch das Recht wirken in Kants Idee verhaltenssteuernd, sondern etwas anderes, Inneres. Das sozialverträgliche Verhalten erwächst also nicht erst in der tatsächlichen Konfrontation mit den äußeren Verhältnissen des Augenblicks sondern aus den inneren Gegebenheiten des Menschen. Das kann nur bedeuten: Er sieht sich in einer verfassten Wirklichkeit, in der sein Verhalten gegenüber anderen unmittelbare Rückwirkungen auf deren Verhalten ihm gegenüber hat. Der Versuch, andere zu übervorteilen, führt zu wirksamen Reaktionen bzw. Restriktionen, die sozial inadäquates Handeln in irgendeiner Form strafen. Bestimmende Faktoren sind darin Gewissheit, Geschwindigkeit und Adäquatheit.

---

[29]Walter Eucken, Die Grundlagen der Nationalökonomie, Springer, Berlin 1989, S. 198

Konstruktives, kooperatives Verhalten bewirkt wiederum eine entsprechende positive Reaktion des Umfeldes. Hierin liegt der gedankliche Ansatz, aus dem das Fundament einer neuen Verfassung zu zeugen ist – das, was Kant nicht ausgesprochen hat, möglicherweise, weil er es zu seiner Zeit noch nicht benennen konnte.

Heute können wir es denken. Jedoch, mit welchen Strukturen und Mechanismen lässt sich eine derartige, dauerstabile gesellschaftliche Wirklichkeit schaffen?

– Wesensmerkmale eines Gesellschaftsvertrages als Werte- und Funktionsvereinbarung

Elementarprinzipien

- Es handelt sich um eine Vereinbarung unter Gleichen in der Wahrung der Würde des Einzelnen nach Maßgabe der Menschenrechte.

- Der Vertrag betrachtet die Verschiedenartigkeit der Menschen als Potenzial, welches jeweils deren Möglichkeiten gemäß zur Entfaltungschancen erhält.

- Der Vertrag zielt entsprechend dem Subsidiaritätsprinzip auf Selbsterhalt und Selbstverfügung in der Verschränkung mit der sich aus arbeitsteiliger Wertschöpfung ergebenden Komplementarität als unabänderliche Basis der Gemeinschaft.

- Vertrauen ist das entscheidende Bindemittel der Gemeinschaft und orientiert als Grundprinzip alle Strukturen und Prozesse – nicht im Sinne einmaliger Setzung, sondern als sich immer wieder erweisend. (Es nützt nichts, Vertrauen einzufordern, sondern es muss sich im realen Handeln und in der Zeit stetig erweisen, was entsprechende Voraussetzungen erfordert.)

-

- Nachhaltigkeit in ihren verschiedenen Dimensionen ist ein Elementarprinzip dieses Gesellschaftsvertrages.

- Gemeinwohl und Eigennutz sind gegeneinander abgewogen, gleichermaßen Fördern und Fordern.

- Das Elementarprinzip der Prozesse und Funktionen ist inhärente Selbstorganisation und Selbstregulierung durch Rückkopplung.

- Fortentwicklung in der Balance von Rationalität und Spiritualität.

Gestaltungsprinzipien

1) Strukturen und Prozesse werden so angelegt, dass sie durch Eigensteuerung (Rückkopplungseffekte = > Prinzip der Apfelteilung) unter weitest möglichem Verzicht auf rechtliche oder sonstige Eingriffe die gesellschaftlichen Elementarprinzipien gewährleisten.

2) Transparenz und Verantwortung sind Schlüsselkonzepte einer vertrauensbasierten Gesellschaft. In dem Maße, wie Strukturen und Prozesse aus der Privatsphäre hinausgreifen und gesellschaftlich wirksam werden, müssen die Transparenzanforderungen steigen.

3) Definition von systemrelevanten Funktionen und Positionen in der Gesellschaft (insbesondere Politik, Wirtschaft, Wissenschaft, Sicherheitsdienste), die besonderen Transparenz- und Verhaltensanforderungen unterliegen und für die das Prinzip der Unschuldsvermutung / Beweislast tendenziell umgekehrt ist.

4) Zeitbegrenzte Besetzung von politischen Funktionen und Entscheidungsgremien im öffentlichen Raum unter Anwendung des Zufallsprinzips in den Delegationsverfahren zur Vermeidung oligotopischer Strukturen[30].

5) Einrichtung eines Verfassungsrates, der oberhalb der Säulen der Gewaltenteilung aus der Mitte der Bürger gebildet wird.

6) Abstimmungsrecht der Bürger mit gesetzgebender Kraft.

7) Begutachtungs- und Aushandlungsverfahren im Sinne Peter Dienels Bürgergutachten.

8) Verbot des Lobbyismus.

9) Begrenzung von Einkommen und Vermögen durch Abschöpfungsregularien.

10) Grund und Boden über direkten persönlichen Bedarf hinaus als öffentliches/gemeinschaftliches Gut.

11) Einrichtungen der Lebensvorsorge in öffentlicher/gemeinschaftlicher Hand.

12) Verhinderung von Marktmonopolen und Kartellstrukturen als systemrelevante Herausforderung.

---

[30]Oligotop(isch) ist dem Begriff des Biotop entlehnt. Anders als die Oligarchie, welche das Weisungs-/Dienstbarkeitsgefälle unter Personen erfolgreich durch Vermeidung wechselseitiger Attacken und Wahrnehmung gemeinsamer Interessen der Platzhirsche pflegt, ist unter Oligotop ein Milieu zu verstehen, in dem weitgehend unabhängig von spezifischen Personen ein gruppenegoistisches Klima zur gemeinschaftlichen Ausbeutung Dritter herrscht, dabei den Mitgliedern eine entsprechend geistige Haltung und Einordnung abverlangt. Ein einmal entstandenes Oligotop ist bei gegebenen Rahmenbedingungen praktisch unzerstörbar. Es rekrutiert sich stetig auf einem Pool von Gesinnungsgleichen – Geld- und Geltungshungrigen – die sich geschmeidig in das Milieu und seine Spielregeln einfügen.

Dies mag als Denkanstoß zunächst genügen. Es soll jedoch noch ein Problem angesprochen werden, über das wir „Gutmenschen" gewöhnlich gern hinwegsehen, weil es die Friedens- und Gerechtigkeitssehnsucht allzu schroff durch die Wirklichkeit einholt. „Es kann der Frömmste nicht in Frieden leben, wenn es dem bösen Nachbarn nicht gefällt"; jeder kennt dieses Sprichwort und niemand spricht es aus, um seiner Implikationen willen. Es stellt sich nämlich ernsthaft die Frage der Wehrfähigkeit. Auch die friedliche Gesellschaft kommt nicht daran vorbei, sich gegen Übergriffe verteidigen zu müssen – besser noch, abschreckungsfähig zu sein.

Die Gesellschaft muss also ein – defensives – Aggressionspotenzial, basierend auf technischen Mitteln, schaffen und aufrechterhalten, welches in seinem Charakter dem gesellschaftlichen Grundverständnis des Umgangs der Menschen untereinander diametral entgegensteht. Legt man die ethische Frage einmal zur Seite, entsteht daraus zum einen eine spürbare ökonomische Belastung. Kritischer ist jedoch die daraus resultierende innere Bedrohungsproblematik. Wie lässt sich verhindern, dass daraus ein unerwünschtes Lernfeld entsteht, mehr noch, längerfristig eine Bedrohung der Gesellschaft aus solchen aggressiv vorgespannten Subsystemen hervorgeht? In der Reihe der Ordnungsfragen nimmt diese einen gewichtigen Platz ein.

Grundsätzlich gilt es, die Elementarprinzipien zum Eichmeter gesellschaftlicher Zustände und Entwicklungen zu machen, der proaktiv gehandhabt wird. Diese Institutionen und Mechanismen müssen korruptionsfrei angelegt und gehalten werden, u. a. durch entsprechende Sanktionen, die dem Grad der Gefährdung adäquat sind.

Der Geist eines solchen Gesellschaftsvertrages sollte in einer Präambel eingefangen werden, die etwa folgenden Inhalts sein könnte:

Im Wissen um den Nutzen aller in der gemeinschaftlichen Schöpfung aus den Ressourcen der Natur für die Existenz und mit dem Willen zur Wahrung des wechselseitigen vertrauensvollen Respekts geben sich die Bürger Deutschlands diese demokratische Verfassung.

Sie bestimmt den Wesenskern der Gesellschaft und des Staates in den grundlegenden funktionalen und normativen Elementen als ein Selbstideal, im Bewusstsein der steten Herausforderung, allen Teilhabe zu ermöglichen, die Balance zwischen allgemeinen Anliegen und individuellen Interessen zu wahren sowie illegitime Machtausübung zu verhindern.

Darin soll sie gleichermaßen der Not nachhaltigen Handelns, dem Anliegen eines erfüllten Lebens auf der Grundlage des Selbsterhalts und dem Streben nach Fortentwicklung entsprechen.

Warum eine neue Verfassung?

Weil die alte, also das Grundgesetz, unzureichend ist. Dieses Gefühl teilen viele und gewiss diejenigen, die diesen Text lesen. Fragt man, was veränderungsbedürftig sei, wird man einen bunten Strauß von Wünschen erhalten: Dies sollte hinein, das sollte hinaus, jenes müsste geändert werden, und zwar in diesem Sinne...

Wird das reichen? Woran lassen sich eigentlich die Mängel des vorliegenden Grundgesetzes festmachen? Die Fragen lassen sich nur zureichend beantworten, wenn wir vom hohen Zweck der Verfassung her denken: Sie soll der Gesellschaft eine grundlegende Ordnung geben. Das provoziert eine weitere, noch tiefer gehende Frage: Warum – und wie – existieren Gesellschaften?

- Gesellschaften gibt es, weil eine arbeitsteilige Wertschöpfung bedeutend effektvoller ist als es die summierte Aktivität von isolierten Individuen jemals sein kann und weil die Nachwuchssicherung für Menschen kaum anders als im Verbund möglich ist.

- Gesellschaften haben Bestand, weil ihnen Vertrauen als Bindungskraft eigen ist.

- Der Mensch ist ein Homo sapiens, weil ihm (gewöhnlich) ein Sehnen innewohnt, dass ihn gedanklich über das Hier und Jetzt hinausträgt. Derartige Vorstellungen können sich nur in der Gemeinschaft entfalten.

Dies sind gesellschaftskonstituierenden Faktoren. Ist nur einer davon in seiner Geltung eingeschränkt, ist die Gesellschaft als System mit eigener Identität gestört. Sind alle Faktoren gefährdet, ist die Gesellschaft als Ganzes existenzbedroht.

Dies ist die Situation, in der wir uns heute befinden. Und wenn es viele auch nicht präzise artikulieren können, resultiert daraus das tiefe Unbehagen. Wie konnte es dazu kommen, haben wir nicht ein Grundgesetz, das eine stabile Ordnung begründen sollte, sodass eine Bestandsbedrohung gar nicht auftreten kann?

Das bringt uns zur Eingangsfrage zurück: Was soll eine Verfassung leisten? Um das zu erkennen, bedarf es nicht des aufwändigen Einstiegs in den Text des Grundgesetzes. Dafür ist die Präambel prädestiniert. Sie ist eine in gehobener Sprache abgefasste Erklärung am Anfang einer Urkunde, insbesondere einer Verfassung, und dient dem Umriss der Vorstellungen zum „guten Leben", in seinen Orientierungen, Verpflichtungen und Perspektiven. Sie gibt darin den „Basiskonsens" der Gemeinschaft wieder.

Wie also müsste eine Präambel in etwa lauten, die eine dauerhaft gesunde Existenz der Gesellschaft dank der Sicherung ihrer elementaren Funktionen gewährleistet? Und wie ist die Verfassungswirklichkeit beschaffen? Erst wenn wir uns darüber Klarheit verschafft haben, lässt sich ermessen, wie tief die Eingriffe gehen müssen.

Die folgende Übersicht enthält in der linke Spalte eine Idee zur „idealen" Präambel (an der man sicher noch feilen kann). Ihr gegenüber steht die reale Präambel des heutigen Grundgesetzes. Es empfiehlt sich, zunächst die linke Spalte lesen und zu prüfen, ob und inwieweit man diese Sicht mittragen kann, bevor man sich der rechten Spalte zuwendet.

Anliegen, Prinzipien, Bestrebungen – das Fundament dessen, was unser gutes Leben und Zusammenleben sichern soll – das sollte Inhalt sein. Was davon, was unser Verfasstsein ausmacht, also unser Zusammenleben bestimmt, ist als <u>Grundkonsens</u> in der gültigen Präambel zu finden? Nichts! Der Basiskonsens - darin sollten wir das Wort „Basis" beachten, existiert in unser Verfassung nicht. Und so ist denn auch das Grundgesetz eine Ansammlung von

a) guten Wünschen für das Wohl und Wehe der Menschen, wie man sie oft in Sonntagsreden findet,

b) Anleitungen zur Organisation des politischen Geschäfts, die von einigen Hundert Personen ohne Legitimation durch das Volk für diesen Zweck beschlossen wurde.

Wenn der Sockel nicht tragfähig ist, hilft alles Reparieren in den oberen Etagen nicht. Wir müssen zurück an den Anfang gehen und das Fundament neu legen – also die Verfassung neu denken und gestalten.

Das Deutsche Grundgesetz	
„Ideale" Präambel	Reale Präambel
„Im Wissen um den Nutzen aller in der gemeinschaftlichen Schöpfung aus den Ressourcen der Natur für die Existenz und mit dem Willen zur Wahrung des wechselseitigen vertrauensvollen Respekts geben sich die Bürger Deutschlands diese demokratische Verfassung.	*„Im Bewusstsein seiner Verantwortung vor Gott und den Menschen, von dem Willen beseelt, als gleichberechtigtes Glied in einem vereinten Europa dem Frieden der Welt zu dienen, hat sich das Deutsche Volk kraft seiner verfassungsgebenden Gewalt dieses Grundgesetz gegeben.*
Sie bestimmt den Wesenskern der Gesellschaft und des Staates in den grundlegenden funktionalen und normativen Elementen als ein Selbstideal, im Bewusstsein der steten Herausforderung, die gerechte Balance zwischen allgemeinen Anliegen und individuellen Interessen zu wahren sowie illegitime Machtausübung zu verhindern.	*Die Deutschen in den Ländern Baden-Württemberg, Bayern, Berlin, Brandenburg, Bremen, Hamburg, Hessen, Mecklenburg-Vorpommern, Niedersachsen, Nordrhein-Westfalen, Rheinland-Pfalz, Saarland, Sachsen, Sachsen-Anhalt, Schleswig-Holstein und Thüringen haben in freier Selbstbestimmung die Einheit und Freiheit Deutschlands vollendet.*
Darin soll sie gleichermaßen der Not nachhaltigen Handelns, dem Anliegen eines erfüllten Lebens auf der Grundlage des Selbsterhalts und dem Streben nach Fortentwicklung entsprechen.	*Damit gilt dieses Grundgesetz für das gesamte Deutsche Volk."* Kurzform (Persiflage) „Wir Deutschen geben uns ein Grundgesetz, damit wir eines haben. Schließlich sind wir für den Weltfrieden und übernehmen Verantwortung, weil auch wir wichtig sein wollen.
Diese Grundsätze sind als legitime Sinnstiftung souveräner Bürger unmittelbar verpflichtend und können nicht durch Rechtsinstitute oder sonstige Mittel eingeschränkt oder aufgehoben werden."	Im Übrigen liegt Deutschland in Europa, und alle Bundesländer machen mit."

5. Konstruktionsfehler und Schwächen im gegenwärtigen Politik- und Gesellschaftssystem

Welches gesellschaftliche Teil-System wir analysierten, wir stießen immer auf falsche Grundannahmen (Axiome), auf denen diese Systeme basieren. In einem System können hunderte von Änderungen vorgenommen werden, wenn die Grundannahmen nicht stimmen, bleibt in der Konsequenz immer eine Fehlentwicklung.

Diese grundlegenden Konstruktionsfehler werden – für uns unverständlich – aber nur von wenigen Initiativen infrage gestellt!

Dies möchten wir an folgenden Beispielen verdeutlichen:

... im Verfassungssystem – Beispiel: Souveränität

«Souverän» war eigentlich der absolutistische Herrscher, der noch in der angeblichen Nachfolge Gottes auf Erden als solcher seine Nation regierte.»Der Staat bin ich!« soll Ludwig XIV. selbstbewusst und anmaßend, aber angesichts seiner tatsächlichen Machtfülle auch durchaus zutreffend gesagt haben.[31]

Von dieser Form der Souveränität und Machtfülle sprechen wir nicht, wenn wir vom Volk als Souverän sprechen; der Begriff hat mit der Entwicklung neuzeitlicher Demokratie eine neue Färbung erhalten. Einmal wurde er sicherlich verwendet, um im Zeichen der Aufklärung die Abkehr von Absolutismus und uneingeschränkter Machtfülle deutlich zu machen: Absolutistische Herrscher wurden abgesetzt, manchmal sogar hingerichtet, und der Begriff der Souveränität

---

[31]Vgl. hierzu: Manfred Kossok: *Am Hofe Ludwigs XIV.* 1990, S. 25, sowie Olivier Bernier: *Ludwig XIV. Die Biographie.* 1989, S. 110; für das tatsächliche Selbstverständnis von Ludwig XIV. in Bezug auf Politik und Staatswesen siehe: Klaus Malettke: *Ludwig XIV. von Frankreich. Leben, Politik und Leistung.* 1994, S. 67ff.

mehr oder weniger «entwendet» und auf das Volk übertragen. Seine neue, veränderte und tiefere Bedeutung bekommt der Begriff aber durch die demokratische Verfassung: Souveränität in Freiheit und bewusster, freiwilliger Selbstbeschränkung durch Rückbindung an das Recht als erstem, rechtslegitimierenden Schritt. In einem zweiten, dem staatslegitimierenden Schritt werden die Gewalten geteilt und institutionalisiert, um die Anhäufung von Macht möglichst wirksam zu verhindern; das Volk zeigt seine Befähigung zu regieren und gleichzeitig regieren zu lassen. [32]

Dass dies aber nicht mit einem Streich zu erledigen ist und dauernder Anstrengungen aller bedarf, sehen wir im nächsten Kapitel. Die Voraussetzung erfolgreicher Anstrengung liegt aber zunächst in dem Vollzug des ersten Schritts. Und der ist in unserem Land noch gar nicht vollzogen. Deutschland hat sich unter Aufsicht der Siegermächte und durch beispielhaften Einsatz unserer Vordenkerinnen und Vordenker ein Grundgesetz gegeben, welches in einer noch unbekannten Zukunft und unter freier Entscheidung des deutschen Volkes durch eine Verfassung abgelöst werden sollte (Art. 146 GG). Dies ist in der bald 70jährigen Geschichte der Bundesrepublik bisher nicht erfolgt und auch der Tatbestand der Wiedervereinigung wurde dazu nicht genutzt.

Offenbar bedeutet selbst die durch weise Selbstbeschränkung milde und demokratisch notwendige Form einer Volkssouveränität den mittlerweile herrschenden Parteien oder auch dem wirtschaftlichen System ein Zuviel an Machtverlust. Das Volk soll aus Sicht beider lieber auf Wahlen seiner Vertreter (organisiert in Parteien, s. kommender Abschnitt in diesem Kapitel) beschränkt bleiben. Diese Abqualifizierung der Volkssouveränität über die Verfassung als maßgebenden Rechtsrahmen gilt es mit aller Kraft zu verhindern, da sonst wieder maßlosere, nicht an das Volk gebundene Formen von

---

[32]Otfried Höffe: *Demokratie im Zeitalter der Globalisierung*, Kap. 2-4; C. H. Beck Verlag, München 1999; Otfried Höffe: *Ist die Demokratie noch zukunftsfähig?* Kap. 5; *beck*sche Reihe 2009

Souveränität die Oberhand gewinnen und unsere Demokratie ad absurdum führen.

... im politischen System – Beispiel 1: Gewaltenteilung

Die Artikel 20 und 92 Grundgesetz nennen drei Staatsgewalten, durch welche das Volk als Souverän Einfluss nehmen sollte („Alle Staatsgewalt geht vom Volke aus"), nämlich *„die Gesetzgebung"*, *„die vollziehende Gewalt"* und *„die rechtsprechende Gewalt"*.

Was unrechtmäßige Machtanhäufung verhindern sollte, ist aber in unserer Republik mehr Schein als Sein: Weder ist das Volk wirklich souverän, noch die Gewalten wirklich geteilt.

Wir empfehlen Einzelheiten auf der Internetweite www.gewaltenteilung.de von Hugo Hochschild (von Beruf Jurist und Richter) nachzulesen; an dieser Stelle zitieren wir nur sein Resümee:

„Nach der realen Lage der Dinge liegt die rechtsprechende Gewalt des Grundgesetzes gegen dessen Absicht in den Händen der Exekutive. Mit Ausnahme der 16 Richter des Bundesverfassungsgerichtes (die aber durch die Parteien nominiert werden, d.A.) sind die deutschen Richter nur im Text des Grundgesetzes – auf dem Papier – Träger der rechtsprechenden Gewalt.

Wer die deutsche Justiz als „dritte Staatsgewalt" bezeichnet, beschwört einen Zustand, der nach dem Prinzip der Gewaltenteilung hätte geschaffen werden sollen und der stattdessen zur Fiktion geworden ist."

Aber auch die „Legislative" ist eine Farce, wenn die Hälfte der Abgeordneten über Landeslisten der Parteien gewählt werden. Man benötigt nicht viel Fantasie, um sich den großen Einfluss der jeweiligen Parteivorsitzenden auf die Nominierung (Wiederaufstellung) der Abgeordneten zu erkennen, insbesondere dann, wenn sie gleichzeitig noch KanzlerIn oder MinisterIn sind: folgen die Nominierten nicht der vorgegebenen Linie, ist ihre erneute Kandidatur

„gefährdet". In „Die Politiker"[33] beschreibt der verstorbene SPD-Bundestagsabgeordnete Hermann Scheer die faktische Entmachtung der Parlamentsmitglieder.

Der Staatsrechtslehrer Reinhold Zipellius, emeritierter Professor für Rechtsphilosophie und Öffentliches Recht an der Universität Erlangen-Nürnberg, führt dazu aus:[34]

" …. *In den parlamentarischen Demokratien stellt die stärkste politische Partei oder Parteienkoalition die Regierung und die Mehrheit im Parlament und beherrscht beide Organe. Dieser parteiliche „Übergriff" macht es fraglich, ob das alte Gewaltenteilungsschema überhaupt noch Machtfaktoren gegeneinander ins Spiel bringt, die selbständig genug sind, um eine wirksame Gewaltenkontrolle entstehen zu lassen. …„.*

Politische Parteien sind – rechtlich gesehen – Vereine, deren wesentliches Ziel darin besteht, die Macht im Staat zu erlangen oder, wenn dies bereits geschehen ist, ihre Macht im Staat zu verteidigen.

Parlamentarische Demokratien heutiger Machart führen zu einer Machtzusammenballung, die außerhalb der staatlichen Institutionen – in der Regierungspartei – beginnt. Der Vorsitzende der Regierungspartei ist in der Regel auch der Regierungschef (Beispiele: die Bundeskanzlerin, der Bayerische Ministerpräsident). Als Regierungschef beherrscht der Parteivorsitzende nicht nur die Exekutive. Er hat nämlich großen Einfluss auf die Legislative, denn als Parteivorsitzender steuert er Karrieren innerhalb der Partei und bestimmt mit, wer Bundestags- oder Landtagsabgeordneter wird. Er beobachtet, ob die Angeordneten seiner Partei bei Abstimmungen im Parlament dem Willen seiner Regierung folgen oder ob sie gegen die Regierung stimmen, und seine Stimme hat Gewicht bei der Frage, ob ein Abgeordneter bei der nächsten Wahl wieder aufgestellt oder ob

---

[33]Scheer, Hermann, Die Politiker, Verlag 'Antje Kunstmann
[34]Zitiert aus www.gewaltenteilung.de – Idee und Wirklichkeit der Gewaltenteilung in Deutschland, Abschnitt 17

er für unbotmäßiges Verhalten mit einem Mandatsverlust abgestraft wird.

Deshalb spricht Zippelius von einem parteilichen „*Übergriff*". Im parlamentarischen System beherrschen die politischen Parteien sowohl die Exekutive als auch die Legislative.

Und schon Kant hat deutliche Worte gefunden für diese Form des Regierens: Selbst für den Fall, dass man auf diese Weise immer das Rechte und das Beste für die Demokratie erreichen sollte, handele es sich um nichts anderes als «demokratischen Despotismus» (Immanuel Kant, *Zum ewigen Frieden)* bzw. «eine Regierung, die zugleich gesetzgebend ist, ist despotisch» (Immanuel Kant, *Rechtslehre §49)*.

... im politischen System – Beispiel 2: Parteien

Als Souverän hat das Volk im Idealfall die Verfassung als Rechtsrahmen gesetzt. Die damit geäußerte Regierungsfähigkeit gibt das Volk wieder ab und zeigt sich als regierbar.

Sinnvollerweise geschieht das über eine Repräsentation: Man wählt Vertrauenspersonen aus den eigenen Reihen, aus den Bürgerinnen und Bürgern, die Parlament und Regierung bilden und damit zwei der wesentlichen Gewalten – Legislative und Exekutive – stellvertretend in die Hand nehmen im Dienst am Volk und dem Gemeinwohl. Das Volk ist gewissermaßen ihr Arbeitgeber und überträgt ihnen ein politisches Mandat.

Machen sie das gut, werden sie wiedergewählt, wenn sie sich denn zur Wahl stellen. Oder es gibt einen gewollten natürlichen Austausch. Die Mandatsträger stehen im ständigen Kontakt und Austausch mit ihren Bürgern. Soweit der typisierte Idealfall.

Von der Realität wissen wir, dass es anders aussieht: Die WählerInnen haben kaum noch die Chance, ihre Vertreter persönlich zu wählen und auszusuchen. Die BewerberInnen für politische Ämter und Rollen haben dazu heute nur dann eine wirkliche Chance, wenn sie sich in Parteien organisieren. Parteien sind mittlerweile zu Interessengruppen geworden, die mehr ihre eigenen Interessen vertreten als die der Bürger. Sie und nicht mehr das Volk sind die Arbeitgeber, besorgen Listenplätze nach Eignung und Einsatz aus Parteiensicht, sorgen über Probeabstimmungen und Fraktionszwang für Entscheidungen im Parteieninteresse, welches nicht im Gleichklang mit Bürgerinteressen sein muss und meist auch nicht ist. Die Wählbarkeit unserer Repräsentanten kommt nur noch in der Verkleidung einer Partei auf uns zu.

Außerdem treten die Parteien als solche nach außen als Interessenvertreter auf, nicht zuletzt bei der Wirtschaft. Obskure, weil geheime Parteienspenden sind an der Tagesordnung. Noch schwieriger ist die Bewertung, was diese mit Denken und Handeln der politischen Vertreter anstellt. Die Vermutung liegt nahe, dass es sich dabei eher um das partielle Wohl handelt als um das anvertraute Gemeinwohl.

Aus der Psychologie ist bekannt, dass sich in ähnlichen Fällen ein «In-Group-Denken» bildet, in der das gemeinsame Interesse und Wohl innerhalb der Gruppe (z. B. der Partei) höhere, manchmal einzige Priorität erhält gegenüber den möglicherweise abweichenden Interessen aller außerhalb der Gruppe (z. B. dem Volk).

Gerade mal etwa 2 % unserer Bevölkerung sind Mitglieder einer Partei, 98 % sind es nicht.

Die Gruppe der Nichtwähler stellt mittlerweile das bei weitem größte Kontingent bei Wahlen und würde eigentlich die Regierung stellen. Die Aussagen nach Wahlen verschweigen jedes Mal, dass wir in dieser Form eigentlich nicht mehr von einer wirklich repräsentativen Demokratie reden können. Dafür sind nicht zuletzt Selbstinteresse und Selbstgefälligkeit unserer Parteien verantwortlich, aber auch wir Bürger, da wir daran bisher nichts geändert haben.

Fehlende Wahlbeteiligung und Protestwahl allein sind unzureichende Mittel zur Wiederbelebung unserer kostbaren Demokratie.[35]

... im wirtschaftlichen System – Beispiel: Wirtschaftsordnung

Friedrich von Hayek hat behauptet: „Wettbewerb ist die effizienteste Methode, die wir kennen". Wenn ein Nobelpreisträger dies sagt, dann sollte es eigentlich stimmen. Christian Felber hat versucht, die Beweise zu finden, durch die Hayek zu dieser Erkenntnis kam – ohne Erfolg[36]. Zu fundiert kritischen Ergebnissen kommt auch der Wirtschaftsethiker, Ökonom und ehemalige St. Gallener Professor Ulrich Thielemann[37] . Das Fundament gerechter, gemeinwohlorientierter Markt-/Wettbewerbswirtschaft steht offenbar auf tönernen Füssen.

Da unsere „Marktwirtschaft" auf dieser nicht bewiesenen Annahme beruht, beobachten wir eine ökonomische Fehlentwicklung: die Schere von Arm zu Reich öffnet sich immer mehr. Wir haben mit dieser Fehlbehauptung einen Konstruktionsfehler im System – und damit ist unser Wirtschaftssystem aus Sicht von Demokratie und Gemeinwohl mehr als fragwürdig!

---

[35] 1) Wilhelm Grewe: *Parteienstaat – oder was sonst?*, Der Monat, 3. Jg. Sept. 1951, Nr. 36.

2) Sigmund Neumann: *Modern Political Parties.* The University of Chicago Press, 4. Aufl. 1962, S. 356.

3) Claus Leggewie: Über Politikverdrossenheit, Parteiendemokratie und die Aussichten für die Bundestagswahl und Nico Nissen: *„Parteipolitiker denken in der Regel nicht vor, sondern hinken nach"*, telepolis, 13. März 2009.

[36] Felber, Christian, Gemeinwohl-Ökonomie, Deuticke-Verlag, Wien 2012, S. 27

[37] Dr. Ulrich Thielemann, Wettbewerb als Gerechtigkeitstheorie: Kritik des Neoliberalismus (Metropolis 2010);

System Error: Warum der freie Markt zur Unfreiheit führt (Westend 2009). Dr. Ulrich Thielemann, Brennpunkt Bankenethik (Haupt Verlag 2003)

… im Finanzsystem – Beispiel: Geldordnung

„Würden die Menschen das Geldsystem verstehen, hätten wir eine Revolution noch vor morgen früh" Henry Ford).

Margrit Kennedy bringt das in ihrem Buch „Occupy Money"[38] zum Ausdruck: „Wir sagen, dass die Bäume nicht in den Himmel wachsen – im Hinblick auf das Geld stellt sich dies jedoch als schwerwiegender Denkfehler heraus. Das auf Zins basierende Geldsystem basiert mit dem Zinseszins auf exponentiellem Wachstum. Bei einer Zinshöhe von 3 % verdoppelt sich ein Vermögen durch Zins und Zinseszins in 24 Jahren, bei 6 % in 12 Jahren. Unser Geldsystem basiert auf dem exponentiellen Wachstumszwang durch Zinseszins, ein Systemfehler, der in der Natur nur in krankhaften Zellen wie Krebs zu finden ist. Solange das Geldsystem dem pathologischen Wachstum des Zinses folgen muss bleibt uns nur der soziale und ökologische Kollaps.

Diesen Systemfehler müssen wir dringend überwinden, zumal wir uns schon deutlich auf dem Weg in eine Finanzdiktatur befinden. Hierzu empfehlen wir das lesenswerte Buch des Ökonomen und Wirtschaftsethiker Dr. Ulrich Thielemann zum Thema «Bankenethik»[39].

... im sozialen System – Beispiel: Rentensystem

Der Sozialstaat wird seit Mitte der 1970er Jahre restrukturiert und demontiert. Die Neoliberalen behaupten, die Bürokratisierung des Staates führe zu einer Schwächung der wirtschaftlichen Dynamik. Außerdem finde eine Überlastung durch den demographischen Wandel („Vergreisung"), eine massenhafte Ausbeutung durch „Sozialschmarotzer" und Ausnutzer der „sozialen Hängematte" statt. Die

---

[38]Kennedy, Margrit, Occupy Money, J. Kamphaus-Verlag, 2011
[39] Dr. Ulrich Thielemann: Brennpunkt Bankenethik, Haupt Verlag 2003

Sozialpolitik belaste den Wirtschaftsstandort Deutschland; deshalb wird eine Deregulierung und Flexibilisierung gefordert. Insgesamt geht es um eine Kommerzialisierung und Re-Individualisierung, kurz: es findet eine Vermarktung des Sozialstaates statt.

Nach dem 1957 dem damaligen Bundeskanzler vorgelegten Dreigenerationenmodell, sollten *alle* Berufstätigen einzahlen; verabschiedet wurde dann allerdings ein eingeschränktes Zweigenerationenmodell, in welches nur ein Teil der Berufstätigen einzahlen musste, während auf der Seite der Besserverdienenden die Selbständigen ausgeklammert blieben. Wieder ein Systemfehler; es war von vornherein klar, dass dieses System nicht von Dauer sein würde.

... im Grund- und Bodensystem –
Beispiel: Bodenordnung

Mit der Einführung des römischen Rechts im Mittelalter war die gemeinsame Bewirtschaftung des Bodens (die sogenannte Allmende) beendet und die Bildung von Großgrundbesitz ermöglicht. Es gab immer wieder Bodenreformbewegungen – ihnen war aber kein Erfolg beschieden. In diesem Kontext muss über die Grundsatzfragen der Eigentumsordnung und des Gemeinwohls neu nachgedacht werden.

... im kulturellen System – Beispiel: Bildungssystem

In ihrem Buch „Wege in eine neue Bildungswelt"[40] beschreiben John Erpenbeck und Werner Sauter eine auf uns zurollende Katastrophe: die Kompetenzkatastrophe!

Unsere Welt verändert sich rasend und mit ihr die Anforderungen an uns. Wir benötigen heute völlig neue Fähigkeiten, um uns in der digitalen Welt zurechtzufinden und trotzdem menschengerecht zu

---

[40]Springer-Verlag Berlin Heidelberg 2016

handeln. Diesen Anforderungen wird das Bildungssystem nicht mehr gerecht. Sein Grundprinzip – Fertigkeit statt Befähigung, Wissen und Wissensweitergabe statt Kompetenzentwicklung und Verstehen – führt direkt in eine Bildungskatastrophe.

Schulen, Hochschulen und berufliche Bildung blockieren mehrheitlich die notwendige Entwicklung einer Kompetenzgesellschaft. John Erpenbeck und Werner Sauter analysieren diese Kompetenzkatastrophe und weisen Wege zu ihrer Überwindung.

Mit dem Weckruf „Stoppt die Kompetenzkatastrophe!" legen die Autoren den Finger in die vielen Wunden unserer vielen „Belehrungssysteme" die zu „Ermöglichungssystemen" werden müssen. Von Schule über die Hochschule bis zur Weiterbildung werden in gutem Glauben unentwegt Lernprozesse für Zielgruppen gestaltet. Tatsächlich kommen aber ganz unterschiedliche Individuen, mit ganz unterschiedlichen Voraussetzungen und persönlichen Zielen. Und die wollen eigentlich handlungskompetent werden für den Job und für ihr Leben. Wir lenken die ganze Aufmerksamkeit und die ganze Energie von Lernenden auf das Wiedergeben von Wissen – weil das einfacher zu prüfen ist. Das eigentlich benötigte Ziel selbständig handelnder Menschen, haben wir aus den Augen verloren. Die brauchen wir in Zeiten von Globalisierung und Digitalisierung, benötigter Bürgertugenden für Demokratie aber mehr denn je. Und wenn Kompetenz ohnehin nur selbst erarbeitet werden kann, dann braucht es anleitende Lehrende ja auch nicht mehr. Wohl aber Lernbegleiter und Rahmengestalter, die Lernenden hilfreiche Unterstützung anbieten bei ihrer selbständigen Kompetenzentwicklung. Das klingt wie ein Frontalangriff auf unser Bildungssystem. Diese Veröffentlichung ruft zu grundsätzlichen Reformen auf.

... im medialen System – Beispiel: Massenmedien

Bestimmt die Hochfinanz unsere Massenmedien? Das erscheint einem zunächst eher unwahrscheinlich, wenn man aber die „Gekauften Journalisten" von Udo Ulfkotte[41] gelesen hat, dann kommt man doch zu der Schlussfolgerung, das eine Gewaltenteilung zwischen Medien und Kapital genauso wichtig ist, wie die Teilung der Staatsgewalten.

Die Medienmacht und damit auch die Meinungshoheit konzentriert sich in wenigen Händen, die über das erforderliche Kapital verfügen.

„Bis zum heutigen Tag gibt es so etwas wie eine unabhängige Presse in der Weltgeschichte nicht. Ich werde jede Woche dafür bezahlt, meine ehrliche Meinung aus der Zeitung bei der ich angestellt bin, herauszuhalten. Wenn ich meine ehrliche Meinung in einer Ausgabe meiner Zeitung veröffentlichen würde, wäre ich meine Beschäftigung innerhalb von 24 Stunden los. Es ist das Geschäft der Journalisten, die Wahrheit zu zerstören, unumwunden zu lügen, zu pervertieren, zu verleumden, die Füße des Mammons zu lecken und das Land zu verkaufen für ihr täglich Brot. Wir sind die Werkzeuge und Vasallen der reichen Männer hinter der Szene. Wir sind die Hampelmänner, sie ziehen die Fäden, und wir tanzen. Unsere Talente, unsere Möglichkeiten und unsere Leben sind das Eigentum anderer Männer. Wir sind intellektuelle Prostituierte." (John Swinton, 1829–1901, Chefredakteur der „New York Times", im Jahre 1880 bei seiner Verabschiedung).[42]

Ergänzender Kommentar auf dieser Internetseite: „Mehr muss man zum Thema Pressefreiheit in den Massenmedien nicht sagen. Seit dieser Aussage, die vor über 130 Jahren getroffen wurde, hat sich praktisch nichts verbessert. Den Darstellern in den Medien

---

[41]Ulfkotte, Udo, Gekaufte Journalisten, 5. Auflage 2014, Kopp-Verlag, Rottenburg
[42]Zitiert nach www.wissensmanufaktur.net/plan-b, S. 5

macht es meist auch keinen Spaß, ihre wahre Meinung verschweigen zu müssen und sich für offensichtliche Propaganda missbrauchen zu lassen.

Doch wer sich des Geldes wegen als Werkzeug des Systems anbiedern muss, der hat oft keine andere Wahl. Der Volksmund bringt es auf den Punkt: „Wess' Brot ich ess', des Lied ich sing." So haben die Massenmedien vor allem die Aufgabe, als Instrument des Systems dieses zu bewahren und die nächste Ebene darunter zu steuern."

... im föderalen System – Beispiel: Grundlage Souveränität und Konsens-Falle[43]

«Die Bundesrepublik Deutschland ist ein demokratischer und sozialer Bundesstaat» (Art. 20.1 GG). Unser föderales System nimmt hier seinen Ausgangspunkt. Die sprachlichen Wurzeln des Begriffes «föderal» liegen sowohl im Lateinischen «fides»=Vertrauen wie «foedus» = Vertrag. 40 % der Bevölkerung der Erde leben zu Ende des vergangenen Jahrhunderts in föderalen Gesellschaften. Föderale Systeme haben bessere Möglichkeiten, der politischen Korruption vorzubeugen, gleichzeitig aber mehr Macht im globalen Zusammenhang als Kleinstaaten.

Deutschland ist kein *zentraler* Bundesstaat wie Frankreich, aber auch kein *konföderaler* Staatenbund wie die EU. Alle Mitgliedsstaaten haben ihre eigene Verfassung, sie sind freie Mitglieder im Bundesstaat Deutschland. Die Mitgliedsstaaten geben zwar Rechte ab an den Bund (z. B. die Vertretung der Republik nach außen), aber eben nicht alle. Die Mitgliedsstaaten nehmen aktiv teil am Prozess der Gesetzgebung, sie haben eine gewichtige Stimme.
Hinter dieser funktionierenden *vertikalen Gewaltenteilung,* welche die bekannte *horizontale Gewaltenteilung* ergänzt, wird ein wichtiges

---

[43]Darnstädt, Thomas, Die Konsensfalle, Deutsche-Verlags-Anstalt, München 2004

Gerechtigkeitsprinzip der qualifizierten Demokratie sichtbar: Die *Subsidiarität*. Sie stellt sicher, dass die Rechte, aber auch Pflichten des Individuums und der Gemeinschaften (Familie, Dorf, Region) lebendiger Bestandteil der Demokratie bleiben. Das Individuum bleibt normatives Maß der Demokratie.

Der Staat ist weder allein noch primär zuständig. Er darf nicht alles an sich reißen; er muss Bedingungen schaffen, welche es den Bürgern erlauben, in Freiheit erfüllt leben zu können. Selbsthilfe, aber auch Kooperation sind wichtige Ausprägungen. Die Hilfe des Staates muss immer so weit unten ansetzen wie möglich. Seine Kompetenz ist zu begrenzen, er darf von kleineren Einheiten und dem Einzelnen nicht wegnehmen, was dort leistbar ist.

Genau dies aber ist gegenwärtig in großer Gefahr. Der Bund tendiert dazu, alles an sich zu reißen, entmachtet zunehmend Länder, Regionen, Familien und Bürger. Die Konstruktion der EU ist dafür ein lebendiges Beispiel. Dieser zunehmenden Verletzung des demokratisch essentiellen Gerechtigkeitsprinzips der Subsidiarität ist Einhalt zu gebieten. Darauf bezieht sich unsere nachfolgende Kritik. Sie ist keine Kritik am föderalen System an sich sondern ein Versuch, zu seiner Wiedergenesung beizutragen.[44]
Entscheidungen werden heute zwischen Bundestag und Bundesrat – und zwischen den Ländern selbst – zerrieben. Durch das Grundgesetz wurden Strukturen der organisierten Verantwortungslosigkeit geschaffen, in deren Gestrüpp dringend notwendige Reformen hängen bleiben, ob bei Gemeindefinanzen oder in der Bildung.

Die latente Entpolitisierung der Länder hat unter dem Stichwort «Kooperativer Föderalismus» zu einer weiteren, eher bedenklichen Tendenz geführt. Die Länder sehen sich – und auch hier wiederum spielen die Medien eine bedeutende Rolle – einem Vergleichsdruck ausgesetzt, dem man durch uniforme Regelungen ausweichen kann. Schwindet der politische Gestaltungswille in einem Land, so

---

[44]Lit.: Otfried Höffe, Demokratie im Zeitalter der Demokratisierung

kann er sich schwerlich dem Uniformitätsdruck entziehen. Die Konsequenz ist, dass sich die einzelnen Fachminister über die jeweilige Ministerkonferenz zusammenschalten und einvernehmlich Regelungen ausarbeiten, die dann den eigenen Parlamenten mit dem Hinweis, man habe sich mühsam geeinigt und könne jetzt nicht einen Bruch dieser Einigung riskieren, mehr oder weniger oktroyiert werden. Da das Einigungsverfahren zwischen den Ländern sehr aufwendig ist, sind Abänderungen des einmal getroffenen Kompromisses nur mit außerordentlichem Aufwand und unter Inkaufnahme eines hohen Zeitverlustes zu realisieren. Das Verfahren paralysiert das föderale System, weil politische Verantwortung nicht mehr zurechenbar erkennbar ist, und es entmachtet Parlamente, weil diese leichter zu Opfern einer Erpressung werden.

... im Umweltsystem – Beispiel: Nachhaltigkeit[45]

Der Weg zur Postwachstumsökonomie fußt auf fünf Entwicklungsschritten, die sich auf einen Wandel von Lebensstilen, Versorgungsmustern, Produktionsweisen und auf institutionelle Innovationen im Bereich des Umgangs mit Geld und Boden beziehen:

1. Entrümpelung und Entschleunigung. Es entspricht ökonomischer Logik in Reinform, sich klug jenes Ballasts zu entledigen, der Zeit, Geld, Raum und ökologische Ressourcen beansprucht, aber nur minimalen Nutzen stiftet. Eine solchermaßen begründete Suffizienzstrategie konfrontiert die Suche nach weiteren Steigerungen von Güterwohlstand und Komfort mit einer Gegenfrage: Von welchen Energiesklaven, Konsum- und Komfortkrücken ließen sich übervolle Lebensstile und schließlich die Gesellschaft als Ganzes befreien?

---

[45]Paech, Niko; Befreiung vom Überfluss – Auf dem Weg in die Postwachstumsökonomie, München 2012

2. Balance zwischen Selbst- und Fremdversorgung. Wer von monetär basierter Fremdversorgung abhängig ist, verliert seine Daseinsgrundlage, wenn die Geld speiende Wachstumsmaschine ins Stocken gerät. Sozial stabil sind nur Versorgungsstrukturen mit geringerer Distanz zwischen Verbrauch und Produktion. Dazu zählt die Reaktivierung von Kompetenzen, manuell und kraft eigener Fertigkeiten Bedürfnisse jenseits kommerzieller Märkte zu befriedigen. Durch eine Umverteilung der Erwerbsarbeit ließen sich Selbst- und Fremdversorgung so kombinieren, dass die Geld- und Wachstumsabhängigkeit sinkt. Eigenarbeit, (urbane) Subsistenz, Community-Gärten, Tauschringe, Netzwerke der Nachbarschaftshilfe, Verschenkmärkte, Einrichtungen zur Gemeinschaftsnutzung von Geräten/Werkzeugen etc. würde zu einer graduellen De-Globalisierung verhelfen.

3. Regionalökonomie. Viele Bedarfe ließen sich durch regionale Märkte, verkürzte Wertschöpfungsketten bis hin zu Konzepten wie «Community Supported Agriculture» (CSA) befriedigen. Regionalwährungen könnten Kaufkraft an die Region binden und damit von globalisierten Transaktionen abkoppeln. So würden die Effizienzvorteile einer geldbasierten Arbeitsteilung weiterhin genutzt, jedoch innerhalb eines ökologieverträglicheren und krisenresistenteren Rahmens.

4. Stoffliche Nullsummenspiele. Konsumansprüche, die sich nicht entrümpeln oder durch lokale/regionale Versorgungsstrukturen substituieren lassen, bilden die weiter zu minimierende Restgröße an industrieller und ggf. globalisierter Produktion. Die damit korrespondierenden Produkte und Infrastrukturen ließen sich über noch weitgehend unausgeschöpfte Möglichkeiten einer Verlängerung oder Intensivierung ihrer Nutzung dergestalt optimieren, dass anstelle zusätzlicher materieller Produktion die Instandhaltung und Aufwertung bereits vorhandener Artefakte träte.

5. Institutionelle Innovationen. Zur Milderung systemimmanenter Wachstumszwänge ist eine Boden- und Geldreform nötig. So könn-

ten Regionalwährungen mit einer zinslosen Umlaufsicherung versehen werden. Weiterhin wäre die noch immer fehlende Abschätzung, Zurechnung und Deckelung von Umweltbeanspruchungen dadurch zu beheben, dass der dehnbare Nachhaltigkeitsbegriff durch individuelle CO_2-Bilanzen konkretisiert wird. Jede Person hätte ein Anrecht auf dasselbe jährliche Emissionskontingent (ca. 2-3 Tonnen), das allerdings handelbar wäre. Die Summe aller Kontingente dürfte höchstens der globalen Gesamtbelastung entsprechen, die mit der Einhaltung des Zwei-Grad-Klimaschutzziels vereinbar wäre.

6. Blaupausen für eine neue Politik- und Gesellschafts-Architektur

Unter „Blaupausen" verstehen wir Vorlagen, Ideen, Konzepte, Grundgerüste, Schablonen, nach welchem neue Systeme geschaffen werden könnten. Es ist also eine Beschreibung des möglichen Soll-Zustandes für die Erarbeitung einer neuen Konzeption. Diese „Blaupausen" verstehen wir als Denkanstöße zur Entwicklung einer neuen Politik- und Gesellschafts-Architektur. In unserer Gesellschaft finden wir eine Vielzahl solcher Konzepte. Die nachfolgenden Beispiele sollen dies verdeutlichen. Deshalb handelt es sich nur um eine beispielhafte Sammlung von Vorlagen, die wir an den geplanten Verfassungskonvent als Denk-Anstöße weiterleiten möchten.

– im politischen System – Beispiel: neue Formen der Gewaltenteilung/die „Konsultative"

Demokratie der fünf „Gewalten" und zwei neuer Institutionen

Die vor mehr als dreihundert Jahren entwickelte Gewaltenteilung wird den heutigen Anforderungen an eine demokratische Verfassung nicht mehr gerecht. Wir benötigen heute mindestens eine Aufteilung in sieben – deutlich voneinander getrennte – „Gewalten", denkbar wären:

- die KONSULTATIVE
- die LEGISLATIVE
- die REGIONALE
- die EXEKUTIVE
- die JUDIKATIVE
- die MONETATIVE (Institution)
- die MEDIATIVE (Institution)

Erste Gewalt: Die Konsultative

Der Souverän (lat. superamus = über allem stehend) als Inhaber der Staatsgewalt, also alle (wahlberechtigten) Bürgerinnen und Bürger der Bundesrepublik Deutschland, wählen in jedem der 299 Wahlbezirke eine Vertreterin/Vertreter für die „Konsultative". Die Bürgervertreter/innen werden in allgemeiner, unmittelbarer, freier, gleicher und geheimer Wahl gewählt. Sie sind Vertreter des ganzen Volkes, an Aufträge und Weisungen nicht gebunden und nur ihrem Gewissen verantwortlich. Wählbar ist, wer das 18. Lebensjahr erreicht hat. Jede Bürgerin, jeder Bürger kann kandidieren. Gewählt ist, wer die meisten Stimmen in seinem Wahlkreis erhält.

Die zentrale Aufgabe der „Konsultativen" ist die Erarbeitung eines gesellschaftlichen *Leitbildes,* ausgehend von der Frage: „In welcher Gesellschaft wollen wir leben?" Dieses Leitbild bildet die Grundlage für *alle* weiteren politischen Entscheidungen. Dazu initiiert die „Konsultative" einen Konsultationsprozess (etwa analog den Bürgerforen) und eine ständig zugängliche Bürgerplattform im Internet als Medium des „Crowdsourcing".

Die Aussagen des Leitbildes sind verbindlich für alle weiteren politischen Entscheidungen. Wenn beispielsweise das Leitbild einen

Einsatz deutscher Soldaten im Ausland untersagt (was über 80 % der wahlberechtigten Bürger wollen), dann kann kein anderslautender Beschluss seitens der Legislativen getroffen werden.

Zweite Gewalt: Die Legislative

Der Souverän (lat. superamus = über allem stehend) als Inhaber der Staatsgewalt, also alle (wahlberechtigten) Bürgerinnen und Bürger der Bundesrepublik Deutschland, wählen in jedem der 299 Wahlbezirke eine Vertreterin / Vertreter für die „Legislative". Die Bürgervertreter/innen werden in allgemeiner, unmittelbarer, freier, gleicher und geheimer Wahl gewählt. Sie sind Vertreter des ganzen Volkes, an Aufträge und Weisungen nicht gebunden und nur ihrem Gewissen verantwortlich. Wählbar ist, wer das 18. Lebensjahr erreicht.

Die Kandidatinnen und Kandidaten werden vorgeschlagen durch Parteien, registrierte Nicht-Regierungsorganisationen und als Direktkandidaten. Die zentrale Aufgabe der „Legislativen" liegt in der Ausarbeitung auf dem Leitbild basierender Gesetze.

Dritte Gewalt: Die Regionale

Die „Regionale" könnte beispielsweise aus 99 Mitgliedern bestehen. In ihr sind die Städte, Landkreise und Gemeinden durch Repräsentanten aus ihren Körperschaften (Städte- und Gemeindetag, Landkreistag) zu je 1/3 vertreten. Die Bundesländer werden aufgelöst.

Vierte Gewalt: Die Exekutive

Sie besteht aus der Bundeskanzlerin/dem Bundeskanzler und aus den Bundesministern, dem Staatsapparat, Verwaltung und Behörden.

In keiner Einrichtung der „Exekutive" auf nationaler ebenso wie auf regionaler und örtlicher Ebene darf es Lobbyisten geben. Unternehmensberater, Anwaltskanzleien und Thinktanks haben in Ministerien, Behörden und öffentlichen Institutionen, wie etwa der Bundesanstalt für Arbeit etc., nichts verloren.

Fünfte Gewalt: Die Judikative

Die rechtsprechende Gewalt ist den Richtern anvertraut. Sie wird durch die in der Verfassung vorgesehenen Bundes-, Regional- und Ortsgerichte ausgeübt. Eine entsprechende Neuorganisation der Rechtsprechung muss erarbeitet werden.

Sechste „Gewalt"/Institution: Die Monetative

Sie ist eine öffentlich-rechtliche Einrichtung (Anstalt), der es obliegt, die staatliche Geld- und Währungshoheit auszuüben, unabhängig von den anderen Staatsgewalten und verantwortlich für die Bereitstellung der gesetzlichen Zahlungsmittel, Kontrolle ihres Mengenumlaufs, des Managements der nationalen Devisen und der Bankenaufsicht. (Details: siehe unter „im Finanzsystem – Beispiel: ein neues Geldsystem – die Monetative")

Alles Geld soll ausschließlich von einer öffentlichen Stelle geschöpft werden. In der Europäischen Währungsunion (EWU) fällt diese Rolle dem Eurosystem zu, das aus der Europäischen Zentralbank (EZB) und den Nationalen Zentralbanken (NZB) der Euroländer besteht. EZB und NZBs sollen neben Legislative, Exekutive und Judikative zur sechsten staatlichen Gewalt werden: zur **Monetative**. Sie ist in ihrem Handeln ähnlich unabhängig und nur dem Gesetz verpflichtet wie die Gerichte, aber auch rechenschaftspflichtig gegenüber Parlament und Öffentlichkeit. Ihr genauer Status wird in einem Gesetz definiert.[46]

Siebente „Gewalt"/Institution: der mediale Sachverständigenrat (die Mediative)

30 direkt durch die Bürger/innen gewählte Vertreter für einen Sachverständigenrat, dessen Aufgabe es ist, die Unabhängigkeit und Objektivität der medialen Berichterstattung in Presse, Rundfunk und

---

[46]http://www.monetative.de/waswirwollen

Fernsehen zu überprüfen und in regelmäßigen Abständen der Öffentlichkeit seine Begutachtung der medialen Entwicklung in der Bundesrepublik Deutschland zur Kenntnis bringt.

Der mediale Sachverständigenrat hat im Einzelnen folgende Aufgaben:

- Darstellung der medialen Lage und deren absehbarer Entwicklung,

- Aufzeigen der Ursachen von aktuellen und potenziellen Spannungen im Medienbereich,

- Aufzeigen von Fehlentwicklungen und Möglichkeiten zu deren Vermeidung oder Beseitigung.

Erhard O. Müller: Die „Erste Gewalt" – die KONSULTATIVE

Der leider viel zu früh verstorbene Journalist und Herausgeber der Zeitschrift „Zukünfte" – E. O. Müller – entwickelte in seinem Beitrag „Bürgerbeteiligung als ‚Vierte Gewalt'" das Modell der „Konsultative"[47]. Er geht dabei von der Frage aus: „Wer oder was zwingt uns eigentlich ... das Drei-Gewalten-Modell als den letzten Schrei der Demokratie – Entwicklung zu betrachten?", und fährt dann fort:

Zumindest für die Bewältigung der neuen sozialen Probleme, die gegenwärtig uns zukommen, aber auch für das Finden eines neuen „Leitkonsens" zur Lösung dieser Probleme bedarf es einer erweiterten Dimension unserer Demokratie; d. h. auch der Verfasstheit unserer Demokratie: Mein Plädoyer geht dahin, unsere drei bisher existierenden „Gewalten" — Legislative, Exekutive, Jurisdiktion — durch eine „Vierte Gewalt" zu ergänzen (besser: zu vervollständigen), die ich an dieser Stelle „Konsultative" nennen möchte.

Wenn es nicht so bleiben soll wie jetzt, dass die Aufnahme von Bürgerbeteiligung in politisches Entscheidungshandeln von der Gnade der Politik abhängt, dann braucht Bürgerbeteiligung einen

---

[47]In Visionen-Reader I, Hg.: Joachim Sikora, siehe Literaturverzeichnis

Verfassungsrang in Form einer „Vierten Gewalt", d .h. einer neben den drei bestehenden Gewalten verfassungsrechtlich verankerte „Konsultative" als Institution des sozialen Dialogs und der Bürgerkompetenz.

Es geht also um nicht weniger als darum, die Kompetenz der Bürgerinnen und Bürger mit einem Verfassungsrang auszustatten, wie er in Form der „drei Gewalten", der Legislative, Exekutive und Jurisdiktion bereits existiert. Eine solche „Vierte Gewalt" hätte zur Aufgabe, das Volk – die Bürgerinnen und Bürgern — als den eigentlichen „Souverän" aller Politik, wieder ins Recht zu setzen. Dabei handelt es sich keineswegs nur um die „Hinterbühne" des Politiktheaters, sondern um im Bild zu bleiben, um all diejenigen, die sich vor der Bühne, im Saal aufhalten: das Publikum in seiner ganzen Vielfalt und Verschiedenheit, den Souverän, dem auf einer neuen Stufe unserer Demokratie die Gelegenheit zum Mitspielen und maßgeblichen Mitwirken gegeben werden muss.

Vielleicht sollten wir all das, was auf diesem Gebiet zurzeit an interessanten Modellen diskutiert wird, verstanden wissen als die ersten Keimformen einer solchen „Vierten Gewalt", die selbstverständlich auch eines gewissen Grades der Institutionalisierung, der Implementierung ins Verfassungsgefüge bedarf. Und: Wenn wir das Grundgesetz mit seinem doch höchst anspruchsvollen Satz: „Alle Staatsgewalt geht vom Volke aus!" wirklich ernst nehmen, dann dürfte — bei genauerem Hinsehen — diese sog. „Vierte Gewalt", dieses konsultative Element der Bürgerinnen und Bürger in unserer Gesellschaft, doch eigentlich nichts anderes sein als die „Erste Gewalt" im Staat!

Die Bürgergesellschaft als das „Herz" der Gesellschaft braucht trotz ihrer Heterogenität eine gemeinsame öffentliche Stimme: Ohne (die im Verfassungsrang institutionalisierte) Zivilgesellschaft kein ökosozialer Wandel!

Es würde unserer Demokratie guttun, wenn zu den bekannten drei Gewalten eine „Konsultative" der Bürgerinnen und Bürger hinzuträte. Absehbar ist jedoch, dass Parteifunktionäre, Lobbyisten und

Inhaber der Verwaltungsmacht zunächst entsetzt reagieren und alle nur erdenklichen Einwände vorbringen werden. Hier stehen wir erst am Anfang eines „langen Marsches durch die Institutionen", für den wir jedoch nicht mehr allzu viel Zeit haben:

Eine derartig große gesellschaftliche Herausforderung, bei der sich die ehrenamtlich und bürgerschaftlich Engagierten sozusagen als das pulsierende Herz der Gesellschaft begreifen müssten, stellt an alle beteiligten Akteure neuartige Aufgaben – ob wir nun bei Amnesty International oder bei der „Agenda 21", bei einer Freiwilligenagentur oder bei einer Bürgerstiftung tätig sind: Wir müssen lernen, trotz aller unterschiedlichen Tätigkeitsfelder, in denen wir engagiert sind, gemeinsam Ansprüche an Politik und Verwaltung zu formulieren, zu artikulieren und auch öffentlich darzustellen. Hier hapert es im Moment noch gewaltig, denn vordergründig hat ja das Mitglied eines Sportvereins nicht viel mit einem „Agenda 212-Aktivisten gemeinsam.

Hintergründig aber gibt es bei allen bürgerschaftlich Engagierten, die einen Gemeinwohl-Anspruch mit ihrer Tätigkeit verbinden, auch gemeinsame Interessen: nämlich als ein die Gesellschaft mitgestaltendes und mitverantwortendes Individuum ernst genommen und an der Gestaltungsmacht beteiligt zu werden. Dabei geht es nicht zuletzt auch um die Artikulation und Vertretung von Interessen: Die vielfältige Bürgergesellschaft braucht eine starke Stimme — sowohl in der Gesellschaft selbst als auch gegenüber den verschiedenen staatlichen Institutionen. So sieht es auch Prof. Mahlmann (Rechtswissenschaftler)[48].

»Eine abschließende Bemerkung zu philosophischem Irrtum und dem Geist der Demokratie. Die Geschichte des Nachdenkens über Moral und Recht ist eine Geschichte von faszinierenden Einsichten und bemerkenswerten Irrtümern. Die Vielfalt der Irrtümer ist ein indirekter Beweis für die Weisheit der Demokratie, denn sie illustriert,

---

[48]Prof. Matthias Mahlmann, Rechtsphilosophie, NomosLehrbuch 2010, Kap.31 – S. 328

dass niemand in praktischen (moralischen, rechtlichen) Fragen ein Erkenntnisprivileg besitzt. Die moralische Verfassung der menschlichen Welt, sozial gehärtet mit den Mitteln des positiven Rechts, ist ein von den Menschen gleichberechtigt zu betreibendes Projekt.«

– im wirtschaftlichen System –
Beispiel: die Gemeinwohl-Ökonomie[49]

Die in Österreich von Christian Felber entwickelte Idee breitet sich seit Oktober 2010 international aus. Dem Dogma der „Alternativlosigkeit" des gegenwärtigen Wirtschaftsmodells wird ein konkreter und gangbarer Zukunftsweg entgegengesetzt, ohne in die historischen Extreme Kapitalismus und Kommunismus zurückzufallen.

Auch eine von dem französischen Präsidenten Sarkozy noch unter dem Eindruck der ersten Finanzkrise 2007 eingesetzte hochkarätige Kommission[50] kam in ihrem Abschlussbericht 2009 zu dem klaren Ergebnis, dass sich unmissverständliche Zeichen dafür mehrten, dass die Messung rein ökonomischer Indikatoren wie dem BIP (Brutto-Inlandsprodukt) zu falschen politischen Entscheidungen führen. Sie müssten und sollten baldmöglichst ergänzt oder gar abgelöst werden durch Messungen der Wohlfahrt, Nachhaltigkeit, Ungleichheit, Einkommen, Gesundheit usw. In diese Betrachtungen sollte vermehrt auch die Perspektive der Haushalte einbezogen werden. Entsprechende Instrumente seien mit hoher Priorität zu entwickeln. Geschehen ist seither nicht viel; der Bericht erreichte eher nur geringe öffentliche Bedeutung und verschwand wieder durch die politische Hintertür. Warum wohl?

---

[49]Felber, Christian, Gemeinwohl-Ökonomie – Das Wirtschaftsmodell der Zukunft, Deuticke-Verlag, Wien, 2010
[50]Joseph Stiglitz, Amartya Sen, Jean-Poul Fitoussi: Bericht der Stiglitz-Sen-Fotoussi Kommission, Sept. 2009

Die Ergebnisse sind andererseits nach wie vor der Öffentlichkeit zugänglich.

Wir müssten uns nur mehr dafür interessieren und die Umsetzung verlangen.

Hier die wesentlichen Merkmale der Gemeinwohlökonomie nach Christian Felber:

1. Die Gemeinwohl-Ökonomie beruht auf denselben Grundwerten, die unsere zwischenmenschlichen Beziehungen gelingen lassen: Vertrauensbildung, Wertschätzung, Kooperation, Solidarität und Teilen. Nach aktuellen wissenschaftlichen Erkenntnissen sind gelingende Beziehungen das, was Menschen am glücklichsten macht und am stärksten motiviert.

2. Der bisherige Anreizrahmen für die Wirtschaft wird umgepolt von Gewinnstreben und Konkurrenz auf Gemeinwohlstreben und Kooperation. Unternehmen werden für gegenseitige Hilfe und Zusammenarbeit belohnt. Kon(tra)kurrenz ist möglich, bringt aber Nachteile.

3. Wirtschaftlicher Erfolg wird nicht länger mit (monetären) Tauschwertindikatoren gemessen, sondern mit (nichtmonetären) Nutzwertindikatoren. Auf der Makroebene (Volkswirtschaft) wird das Bruttoinlandsprodukt als Erfolgsindikator vom Gemeinwohl-Produkt abgelöst, auf der Mikroebene (Unternehmen) die Finanzbilanz von der Gemeinwohl-Bilanz. Diese wird zur Hauptbilanz aller Unternehmen. Je sozialer, ökologischer, demokratischer und solidarischer Unternehmen agieren und sich organisieren, desto bessere Bilanzergebnisse erreichen sie. Je besser die Gemeinwohl-Bilanz-Ergebnisse der Unternehmen in einer Volkswirtschaft sind, desto größer ist das Gemeinwohl-Produkt.

4. Die Unternehmen mit guten Gemeinwohl-Bilanzen erhalten rechtliche Vorteile: niedrigere Steuern, geringere Zölle, günstigere Kredite, Vorrang beim öffentlichen Einkauf und bei Forschungsprogrammen etc. Der Markteintritt wird dadurch für verantwortungsvolle Ak-

teurInnen erleichtert; und ethische, ökologische und regionale Produkte und Dienstleistungen werden billiger als unethische, unökologische und globale.

5. Die Finanzbilanz wird zur Nebenbilanz. Finanzgewinn wird vom Zweck zum Mittel und dient dazu, den neuen Unternehmenszweck (Beitrag zum allgemeinen Wohl) zu erreichen. Bilanzielle Überschüsse dürfen verwendet werden für: Investitionen (mit sozialem und ökologischem Mehrwert), Rückzahlung von Krediten, Rücklagen in einem begrenzten Ausmaß, begrenzte Ausschüttungen an die Mitarbeiterinnen sowie für zinsfreie Kredite an Mitunternehmen. Nicht verwendet werden dürfen Überschüsse für: Investitionen auf den Finanzmärkten (diese soll es gar nicht mehr geben), feindliche Aufkäufe anderer Unternehmen, Ausschüttung an Personen, die nicht im Unternehmen mitarbeiten sowie Parteispenden. Im Gegenzug entfällt die Steuer auf Unternehmensgewinne.

6. Da Gewinn nur noch Mittel, aber kein Ziel mehr ist, können Unternehmen ihre optimale Größe anstreben. Sie müssen nicht mehr Angst haben, gefressen zu werden, und nicht mehr wachsen, um größer, stärker oder profitabler zu sein als andere. Alle Unternehmen sind vom allgemeinen Wachstums- und wechselseitigen Fresszwang erlöst.

7. Durch die Möglichkeit, entspannt und angstfrei die optimale Größe einzunehmen, wird es viele kleine Unternehmen in allen Branchen geben. Da sie nicht mehr wachsen wollen, fällt ihnen die Kooperation und Solidarität mit anderen Unternehmen leichter. Sie können ihnen mit Wissen, Know-how, Aufträgen, Arbeitskräften oder zinsfreien Krediten helfen. Dafür werden sie mit einem guten Gemeinwohl-Bilanz-Ergebnis belohnt – nicht auf Kosten anderer Unternehmen, sondern zu deren Nutzen. Die Unternehmen bilden zunehmend eine solidarische Lerngemeinschaft, die Wirtschaft wird zu einer Win-Win-Anordnung (Gewinn für das Unternehmen und gleichzeitig auch für die Gesellschaft).

8. Die Einkommens- und Vermögensungleichheiten werden in demokratischer Diskussion und Entscheidung begrenzt: die Maximaleinkommen auf zum Beispiel das Zehnfache des gesetzlichen Mindestlohns; Privatvermögen auf zum Beispiel zehn Millionen Euro; das Schenkungs- und Erbrecht auf zum Beispiel 500 000 Euro pro Person, bei Familienunternehmen auf zum Beispiel zehn Millionen Euro pro Kind. Das darüber hinausgehende Erbvermögen wird über einen Generationenfonds als „Demokratische Mitgift" an alle Nachkommen der Folgegeneration verteilt: Gleiches „Startkapital" bedeutet höhere Chancengleichheit. Die genauen Grenzen sollen von einem Wirtschaftskonvent demokratisch ermittelt werden.

9. Bei Großunternehmen gehen ab einer bestimmten Größe (zum Beispiel 250 Beschäftigten) Stimmrechte und Eigentum teil- und schrittweise an die Beschäftigten und die Allgemeinheit über. Die Öffentlichkeit könnte durch direkt gewählte „regionale Wirtschaftsparlamente" vertreten werden. Die Regierung sollte keinen Zugriff/kein Stimmrecht in öffentlichen Unternehmen haben.

10. Das gilt auch für die Demokratischen Allmenden, die dritte Eigentumskategorie neben einer Mehrheit (kleiner) Privatunternehmen und Großunternehmen. Demokratische Allmenden (auch „Commons") sind Gemeinwirtschaftsbetriebe im Bildungs-, Gesundheits-, Sozial-, Mobilitäts-, Energie- und Kommunikationsbereich: die „Daseinsvorsorge".

11. Eine wichtige Demokratische Allmende ist die Demokratische Bank. Sie dient wie alle Unternehmen dem Gemeinwohl und wird wie alle Demokratischen Allmenden vom demokratischen Souverän kontrolliert und nicht von der Regierung. Ihre Kernleistungen sind garantierte Sparvermögen, kostenlose Girokonten, kostengünstige Kredite und ökosoziale Risikokredite. Der Staat finanziert sich primär über zinsfreie Zentralbankkredite. Die Zentralbank erhält das Geldschöpfungsmonopol und wickelt den grenzüberschreitenden Kapitalverkehr ab, um Steuerflucht zu unterbinden. Die Finanzmärkte in der heutigen Form wird es nicht mehr geben.

12. Nach dem Vorschlag von John Maynard Keynes wird eine globale Währungskooperation errichtet, mit einer globalen Verrechnungseinheit („Globo", „Terra") für den internationalen Wirtschaftsaustausch. Auf lokaler Ebene können Regiogelder die Nationalwährung ergänzen. Um sich vor unfairem Handel zu schützen, initiiert die EU eine Fair-Handelszone („Gemeinwohl-Zone"), in der gleiche Standards gelten oder die Zollhöhe sich an der Gemeinwohl-Bilanz des Herstellerunternehmens orientiert. Langfristziel ist eine globale Gemeinwohl-Zone als UN-Abkommen.

13. Der Natur wird ein Eigenwert zuerkannt, weshalb sie nicht zu Privateigentum werden kann. Wer ein Stück Land für den Zweck des Wohnens, der Produktion oder der Land- und Forstwirtschaft benötigt, kann eine begrenzte Fläche kostenlos nutzen. Die Überlassung ist an ökologische Auflagen und an die konkrete Nutzung geknüpft. Damit sind „Landgrabbing", Großgrundbesitz und Immobilienspekulation zu Ende. Im Gegenzug entfällt die Grundvermögenssteuer.

14. Wirtschaftswachstum ist kein Ziel mehr, hingegen die Reduktion des ökologischen Fußabdrucks von Personen, Unternehmen und Staaten auf ein global nachhaltiges Niveau. Der Kategorische Imperativ wird um die ökologische Dimension erweitert. Unsere Freiheit, einen beliebigen Lebensstil zu wählen, endet dort, wo sie die Freiheit anderer Menschen beschneidet, denselben Lebensstil zu wählen oder auch nur ein menschenwürdiges Leben zu führen. Privatpersonen und Unternehmen werden angereizt, ihren ökologischen Fußabdruck zu messen und auf ein global gerechtes und nachhaltiges Niveau zu reduzieren.

15. Die Erwerbsarbeitszeit wird schrittweise auf das mehrheitlich gewünschte Maß von 30 bis 33 Wochenstunden reduziert. Dadurch wird Zeit frei für drei andere zentrale Arbeitsbereiche: Beziehungs- und Betreuungsarbeit (Kinder, Kranke, Senioren/innen), Eigenarbeit (Persönlichkeitsentwicklung, Kunst, Garten, Muße) sowie politische und Gemeinwesenarbeit. Infolge dieser ausgewogeneren Zeiteinteilung würde der Lebensstil konsumärmer, suffizienter und ökologisch nachhaltiger.

16. Jedes zehnte Berufsjahr ist ein Freijahr und wird durch ein bedingungsloses Grundeinkommen finanziert. Menschen können im Freijahr tun, was sie wollen. Diese Maßnahme entlastet den Arbeitsmarkt um zehn Prozent – die aktuelle Arbeitslosigkeit in der EU.

17. Die repräsentative Demokratie wird ergänzt durch direkte und partizipative Demokratie. Der Souverän soll seine Vertretung korrigieren, selbst Gesetze beschließen, die Verfassung ändern und Grundversorgungsbereiche – Bahn, Post, Banken – kontrollieren können. In einer echten Demokratie sind die Interessen des Souveräns und seiner Vertretung identisch – Voraussetzung dafür sind umfassende Mitgestaltungs- und Kontrollrechte des Souveräns.

18. Alle Eckpunkte der Gemeinwohl-Ökonomie sollen in einem breiten Basisprozess durch intensive Diskussion ausreifen, bevor sie von einem direkt gewählten Wirtschaftskonvent in Gesetze gegossen werden. Über das Ergebnis stimmt der demokratische Souverän ab. Was angenommen wird, geht in die Verfassung ein und kann – jederzeit – nur wieder vom Souverän selbst geändert werden. Zur Vertiefung der Demokratie können weitere Konvente einberufen werden: Bildungs-, Medien-, Daseinsvorsorge-, Demokratiekonvent …

19. Um die Werte der Gemeinwohl-Ökonomie von Kind an vertraut zu machen und zu praktizieren, muss auch das Bildungswesen gemeinwohlorientiert aufgebaut werden. Das verlangt eine andere Form von Schule sowie andere Inhalte, z. B. Gefühlskunde, Wertekunde, Kommunikationskunde, Demokratiekunde, Naturerfahrenskunde und Körpersensibilisierung.

20. Da in der Gemeinwohl-Ökonomie unternehmerischer Erfolg eine ganz andere Bedeutung haben wird als heute, werden auch andere Führungsqualitäten gefragt sein: Nicht mehr die rücksichtslosesten, egoistischsten und „zahlenrationalsten" Manager werden gesucht, sondern Menschen, die sozial verantwortlich und sozial kompetent handeln, mitfühlend und empathisch sind, Mitbestimmung als Chance und Gewinn sehen und nachhaltig langfristig denken. Sie werden die neuen Vorbilder sein.

Die Gemeinwohl-Ökonomie ist weder das beste aller Wirtschaftsmodelle noch das Ende der Geschichte, nur ein nächster möglicher Schritt in die Zukunft. Sie ist ein partizipativer und entwicklungsoffener Prozess und sucht Synergien mit ähnlichen Ansätzen. Durch das gemeinsame Engagement zahlreicher mutiger und entschlossener Menschen kann etwas grundlegend Neues geschaffen werden. Die Umsetzung erfordert intrinsische Motivation und Eigenverantwortung, rechtliche Anreize, einen ordnungspolitischen Rahmen sowie Bewusstseinsbildung. Alle Menschen, Unternehmen, Organisationen und Gemeinden können sich am Umbau der Wirtschaftsordnung in Richtung Gemeinwohl-Ökonomie beteiligen.[51]

– im Finanzsystem –
Beispiel: die Vollgeldreform/die „Monetative"[52]

Wie kann man der außer Kontrolle geratenen Geldschöpfung Herr werden? Einen umfassenden Ansatz in dieser Richtung liefert Professor Joseph Huber mit der von ihm angedachten „Vollgeld-Reform". Huber, Inhaber eines Lehrstuhls für Wirtschaftssoziologie an der Universität Halle, hatte dazu bereits 1998 ein erstes Konzept vorgelegt, das er nun in seinem Buch „Monetäre Modernisierung" auf den neuesten Stand gebracht hat. Die Wurzeln seiner Idee lassen sich dabei unter anderem auf Vorschläge des amerikanischen Nationalökonomen Irving Fisher aus den 1930er Jahren zurückverfolgen.

Worum geht es? Kurz gesagt: Huber schlägt vor, Geldschöpfung und Kreditvergabe voneinander zu trennen. Die privaten Banken sollen Kredite vergeben, aber nicht mehr selbst das Geld dafür schöpfen dürfen. Dies soll allein einer unabhängig gestellten Zentralbank vorbehalten sein. Die Banken müssten fortan ihre Kreditvergabe im

---

[51]Aktuelle Informationen unter: www.gemeinwohl-oekonomie.org
[52]http://www.monetative.de/

Wesentlichen aus den bei ihnen angelegten Spargeldern finanzieren. Viele glauben ja irrtümlicherweise, das sei bereits heute der Fall.

Um den Banken die weitere eigenmächtige Geldschöpfung unmöglich zu machen, sieht das Konzept vor, sämtliche Girokonten aus den Bilanzen der Banken auszugliedern. Das Geld auf diesen Konten stellt ab dem Zeitpunkt der Umstellung sogenanntes „Vollgeld" dar, das fortan den gleichen Status hätte wie Bargeld in der Brieftasche. Geht eine Bank pleite, bleibt das Geld erhalten, da es nicht mehr zur Bilanz des Unternehmens gehört, sondern lediglich von ihm verwaltet wird, ähnlich wie Aktien in einem Wertpapierdepot.

Man bräuchte deshalb auch keinerlei Mindestreservesystem wie heute mehr, bei dem Banken einen Teil ihrer ausgegebenen Kredite als Sicherheit bei der Zentralbank hinterlegen müssen. Das neue Vollgeld wäre vollkommen sicher, da aus den Bankbilanzen ausgelagert und vom gleichen rechtlichen Status wie von der Zentralbank ausgegebenes Geld.

Vielen wird auf den ersten Blick nicht gleich klar, wie gravierend die Folgen dieser Umstellung wären. Ohne dass das Konzept eine Bankenverstaatlichung oder ähnliches vorsieht, handelt es sich doch um eine Änderung der Spielregeln des Kapitalismus. Die Ironie dabei: Das Ergebnis der Reform wäre ein Zustand, von dem die meisten glauben, dass er heute bereits existiert. Kredite, die aus Spareinlagen finanziert werden; sicheres Geld auf dem Girokonto; eine Zentralbank, die die Geldmenge effektiv steuert. Um es noch einmal zu betonen: All das haben wir heute nicht.

Abbau der Staatsschulden

Das Konzept hat außerdem erhebliche Auswirkungen auf die Staatsfinanzen. Wenn nämlich nur noch die Zentralbank Geld schöpfen darf, fällt ihr natürlich auch der ausschließliche Geldschöpfungsgewinn zu - und geht den privaten Banken verloren. Auf Deutschland bezogen geht es dabei um eine Größenordnung von grob geschätzt etwa 50 Milliarden Euro pro Jahr - was einer der Hauptgründe für den zu erwartenden Widerstand aus den Reihen der Finanzwirtschaft sein dürfte.

Das Konzept sieht vor, dass die Zentralbank als von der Regierung unabhängige Instanz (verfassungsrechtlich ähnlich autonom wie die Gerichte) die genaue Summe Jahr für Jahr anhand der zu erwartenden wirtschaftlichen Entwicklung festlegt und sodann zins- und tilgungsfrei dem Finanzministerium gutschreibt. Das Parlament hätte zu entscheiden, für welche öffentlichen Aufgaben dieses Geld genutzt würde.

Diesen besonderen Punkt, also einen zins- und tilgungsfreien Zentralbankkredit für öffentliche Ausgaben, hatte übrigens in den 80er Jahren schon einmal SPD-Mann Klaus von Dohnanyi, damals Bürgermeister von Hamburg, vorgeschlagen.

Noch gravierender: Die Vollgeldreform ermöglicht, quasi im Nebeneffekt, den Abbau der Staatsverschuldung. Und das geht so: Nach der Umstellung auf ein Vollgeldsystem führen sämtliche Kreditnehmer ihre Tilgungszahlungen an die Banken ganz normal weiter fort. Da es sich hierbei aber um aus dem Nichts geschöpftes Geld der Banken handelt, und diese im Vollgeldsystem nicht nur kein Geld mehr schöpfen, sondern auch keine getilgten Kredite mehr verschwinden lassen können, müssen die Banken die Tilgungszahlungen ihrer Kunden an die Zentralbank weiterreichen, welche die Beträge dann ihrerseits löscht. Auf diese Weise wird die Geldmenge im System mit jeder Tilgungszahlung kleiner, muss also fortlaufend wieder durch entsprechend neugeschöpftes Geld der Zentralbank ausgeglichen werden.

Da die gesamte Summe der umlaufenden Geldmenge per Kredit geschaffen wurde, bedeutet das auf Deutschland bezogen, dass einmalig etwa 1.300 Milliarden Euro gelöscht und neu von der Zentralbank geschöpft werden müssen – verteilt über die Restdauer der zum Zeitpunkt der Umstellung noch laufenden Kredite. Der Großteil dieser „Umtauschgeldschöpfung" wird sich, den gängigen Kreditlaufzeiten entsprechend, innerhalb von zwei bis vier Jahren ereignen. Dieses Geld nun könnte genutzt werden, um knapp zwei Drittel der kompletten Staatsschulden zu tilgen – in Deutschland derzeit etwa 2.000 Milliarden Euro.

– im sozialen System –
Beispiele: Grundeinkommen, Bürgerversicherung und alternative Gesundheits-Sicherung („Samarita")

Grundeinkommen[53]

Ein *Grundeinkommen* ist ein Einkommen, das eine politische Gemeinschaft bedingungslos jedem ihrer Mitglieder gewährt. Es soll

- die Existenz sichern und gesellschaftliche Teilhabe ermöglichen,

- einen individuellen Rechtsanspruch darstellen sowie

- ohne Bedürftigkeitsprüfung und

- ohne Zwang zu Arbeit oder anderen Gegenleistungen garantiert werden.

Das Grundeinkommen stellt somit eine Form von Mindesteinkommenssicherung dar, die sich von den zurzeit in fast allen Industrienationen existierenden Systemen der Grund- bzw. Mindestsicherung wesentlich unterscheidet. Das Grundeinkommen wird erstens an Individuen anstelle von Haushalten gezahlt, zweitens steht es jedem Individuum unabhängig von sonstigen Einkommen zu, und drittens wird es gezahlt, ohne dass eine Arbeitsleistung, Arbeitsbereitschaft oder eine Gegenleistung verlangt wird.

Für ein Grundeinkommen werden viele Argumente angeführt:

- mehr Autonomie für Unternehmerinnen und Unternehmer durch deren Befreiung von der Verantwortung als „Arbeitgeber"

- mehr Autonomie für Arbeitnehmerinnen und Arbeitnehmer durch die grundsätzliche Möglichkeit der Nicht-Erwerbstätigkeit bzw. einer sinnvollen Tätigkeit außerhalb der Erwerbsarbeit

---

[53]Aktuelle Informationen unter: www.grundeinkommen.de

- mehr Autonomie für alle durch die Sicherung von Existenz und einer Beteiligung am gesellschaftlichen Leben ohne Wenn und Aber

- größere Unabhängigkeit bei der Suche nach einem Erwerbseinkommen

- größere Verteilungsgerechtigkeit

- Anreiz zu größerer Wertschöpfung und zu Rationalisierung

- Flexibilität des Arbeitsmarktes

- größere Effizienz des Sozialstaates

- Wahrung der Würde aller Menschen und die Beseitigung von Stigmatisierungen vor allem bei den gegenwärtig Erwerbslosen und Sozialhilfebeziehern

- Humanisierung der Arbeit

- Förderung der Bildung

- Stärkung der Familien und Steigerung der Geburtenrate

- Förderung von Existenzgründungen wie auch von ehrenamtlichen Tätigkeiten

- Förderung von Kreativitätspotenzialen durch die Möglichkeit der Muße ... und vieles mehr

Diese guten Gründe für ein Grundeinkommen gelten in jeder Gesellschaftsordnung und bei Vollbeschäftigung ebenso wie bei Arbeitslosigkeit. Aber es ist das Scheitern aller bisherigen Versuche zur Lösung des Problems der Massenarbeitslosigkeit, wodurch in den letzten Jahrzehnten die Grundeinkommensidee weltweit immer mehr Rückhalt bei Bürgerinnen und Bürgern, in der Wissenschaft und in Organisationen gewonnen hat. In Deutschland nimmt seit der Verabschiedung der Hartz-IV-Gesetze Mitte 2004 das Interesse am Grundeinkommensvorschlag stark zu. Er wird als grundlegende Alternative zur Politik des Druckausübens auf Erwerbslose und Sozialhilfebezieher und zur zunehmenden Prekarisierung gesehen. In der ganzen Welt schließen sich mehr und mehr Menschen in Netzwerken zusammen, um das Grundeinkommen durchzusetzen. Das deutsche Netzwerk Grundeinkommen wurde 2004 gegründet. Es ist der deutsche Zweig des Basic Income Earth Network (BIEN). Gleichwohl sind viele mit dem Grundeinkommen nicht einverstanden. Es gibt Diskussionen um die richtige Höhe des monatlichen Betrags, um die Wirkungen auf die einzelnen Bürgerinnen und Bürger sowie auf die Gesamtwirtschaft und das politische Gemeinwesen. Immer wieder wird auch bezweifelt, dass eine Finanzierung überhaupt möglich sei. Ein aus demokratischer Sicht besonders schwerwiegendes Gegenargument postuliert, dass eine bedingungslose Auszahlung (= völlig ohne Gegenleistung) wichtige Gerechtigkeitsprinzipien verletzen könnte. Diesen Argumenten und Vorbehalten haben wir unsere Haltung gegenübergestellt und in <u>Fragen und Antworten</u> zusammengefasst. Die Erörterung soll für Klarheit sorgen und dazu beitragen, eine breite Unterstützung für die Forderung nach dem bedingungslosen Grundeinkommen zu erlangen.

Es gibt eine große Bandbreite von Modellvorschlägen. Sie unterscheiden sich in der Höhe des Grundeinkommensbetrags, in den Quellen seiner Finanzierung, in der Art und Größe der Einsparung anderer Transferzahlungen, im Verhältnis zu den Sozialversicherungen, bei arbeitsmarktpolitischen Regulierungen und in vielen weiteren Einzelheiten.

Viele namhafte Wissenschaftlerinnen und Wissenschaftler haben sich weltweit für ein Grundeinkommen ausgesprochen, unter ihnen zwei Nobelpreisträger der Wirtschaftswissenschaften. Die Forschung zu diesem Thema wird immer intensiver. In einigen Ländern beginnen Spitzenpolitikerinnen und -politiker, auch von Regierungsparteien, die Grundeinkommensidee zu unterstützen. Die Literatur zu den ökonomischen, sozialen, politischen, ethischen und rechtlichen Aspekten des Grundeinkommens wächst unablässig.

Bürgerversicherung[54]

Während ein bedingungsloses Grundeinkommen einen radikalen Bruch mit der Bismarck'schen Tradition eines überwiegend beitragsfinanzierten Sicherungssystems darstellt, würde eine Bürgerversicherung, die allgemein, einheitlich und solidarisch sein müsste, daran anknüpfen und es auf sinnvolle Art weiterentwickeln. Der von Prof. Dr. Christoph Butterwegge vorgelegte Vorschlag umfasst folgende Kernaussagen:

1. *Allgemein* zu sein bedeutet, dass die Bürgerversicherung sämtliche dafür geeignete Versicherungszweige (Kranken-, Pflege- und Rentenversicherung) umfassen muss. Zu Recht stellt die Gesetzliche Unfallversicherung bereits heute einen Sonderfall dar, da sie nicht paritätisch, sondern ausschließlich über Arbeitgeberbeiträge finanziert wird. Der einzige unberücksichtigte Versicherungszweig, die Arbeitslosenversicherung, könnte in eine „Arbeitsversicherung" umgewandelt werden, die auch alle Selbstständigen und Freiberufler/innen aufnimmt.

2. *Einheitlich* heißt, dass neben der Bürgerversicherung keine mit ihr konkurrierenden Versicherungssysteme existieren dürfen. Den Veränderungen am Arbeitsmarkt sollte durch die Ausdehnung der Versicherungspflicht Rechnung getragen werden. Weil abhängige und selbstständige Arbeit, Selbstständigkeit und sog. Scheinselbstständigkeit zunehmend fließend ineinander übergehen, bedarf es einer Versicherungspflicht *aller* Erwerbstätigen, einschließlich jener Gruppen, die bislang in Sondersystemen bzw. zu besonderen Bedingungen abgesichert werden (Beamte, Landwirte, Handwerker, Künstler, freie Berufe). Private Versicherungsunternehmen müssten sich auf die Abwicklung noch bestehender Verträge (Wahrung des Bestandsschutzes), Zusatzangebote und Ergänzungsleistungen beschränken.

---

[54]Butterwegge, Christoph, Krise und Zukunft des Sozialstaates, 3. erweiterte Aufllage, Verlag für Sozialwissenschaften, 2006

3. *Solidarisch* zu sein meint, dass die Bürgerversicherung zwischen ökonomisch unterschiedlich Leistungsfähigen einen sozialen Ausgleich herstellen muss. Nicht nur auf Löhne und Gehälter, sondern auf sämtliche Einkunftsarten (Zinsen, Dividenden, Tantiemen, Miet- und Pachterlöse) wären Beiträge zu erheben. Entgegen einem verbreiteten Missverständnis bedeutet dies nicht, dass Arbeitgeberbeiträge entfallen. Vielmehr könnten diese als Wertschöpfungs- bzw. als sog. Maschinensteuer erhoben und damit gerechter als bisher auf beschäftigungs- und kapitalintensive Unternehmen verteilt werden.

Nach oben darf es weder Beitragsbemessungs- noch Versicherungspflichtgrenzen geben, die es privilegierten Personengruppen erlauben würden, sich ihrer Verantwortung für sozial Benachteiligte zu entziehen und in exklusive Sicherungssysteme auszuweichen. Nach unten muss finanziell aufgefangen werden, wer den nach Einkommenshöhe gestaffelten Beitrag nicht selbst entrichten kann. Nur im Falle fehlender, vorübergehender oder eingeschränkter Zahlungsfähigkeit der Versicherten hätte also der Staat die Aufgabe, Beiträge bedarfsbezogen zu „subventionieren", d. h. aus dem allgemeinen Steueraufkommen zuzuschießen. Vorbild dafür könnte die Gesetzliche Unfallversicherung sein. Dort dient der Staat gewissermaßen als Ausfallbürge für Vorschulkinder, Schüler/innen und Studierende, die einen Kindergarten, eine allgemeinbildende Schule bzw. eine Hochschule besuchen.

4. *Bürger*versicherung bedeutet, dass Mitglieder aller Berufsgruppen, d. h. nicht nur abhängig Beschäftigte, aufgenommen werden. Da sämtliche Wohnbürger/innen in das System einbezogen wären, blieben weder Selbstständige, Freiberufler/innen, Beamte, Abgeordnete und Minister noch Ausländer/innen mit Daueraufenthalt in der Bundesrepublik außen vor. Es geht primär darum, die Finanzierungsbasis des Sozialsystems zu verbreitern und den Kreis seiner Mitglieder zu erweitern.

5. Bürger*versicherung* bedeutet schließlich, dass es sich um eine *Versicherungs*lösung handelt, also gewährleistet sein muss, dass

ihre Mitglieder, soweit sie dazu finanziell in der Lage sind, Beiträge entrichten und entsprechend geschützte Ansprüche erwerben. Dies schließt keineswegs aus, dass sich der Staat mit Steuergeldern am Auf- und Ausbau der Versicherung beteiligt. Die geplante Bürgerversicherung würde allerdings zum Einfallstor für einen Systemwechsel, wenn sie nicht nach dem Versicherungsprinzip konstruiert wäre, sondern allein aus Steuermitteln finanziert würde.

Das beste Argument für die Bürgerversicherung liefert ihr sehr viel höheres Maß an Gerechtigkeit und sozialem Ausgleich. Durch die Berücksichtigung anderer Einkommensarten würde der Tatsache Rechnung getragen, dass Arbeitseinkommen nicht mehr die einzige Lebensgrundlage für weite Bevölkerungsschichten bilden. Unter dem Gesichtspunkt der Gerechtigkeit spricht nichts dafür, dass der riesige private Reichtum weiter so unangemessen wenig zur Finanzierung des sozialen Sicherungssystems beiträgt.

Alternative Gesundheits-Systeme: „Samarita"[55]

Die Samarita Solidargemeinschaft – eine echte Alternative zur herkömmlichen Krankenversicherung!

Die Absicherung von Kosten im Krankheitsfall wird in Deutschland im Wesentlichen von zwei nebeneinander existierenden Krankenversicherungssystemen bestimmt: den gesetzlichen und den privaten Krankenversicherungen (GKV, PKV).

Der Gründungsimpuls der Samarita Mitte der 90er Jahre bestand aus der eigenen Unzufriedenheit mit dem vorhandenen System. Das bestehende Gesundheitswesen ermöglicht weder echte Therapiefreiheit, Vertrauensbildung noch eine wirkliche Solidarität. Dazu wurde im Laufe der Jahre immer deutlicher, dass betriebswirtschaftliche Gesichtspunkte immer stärker im Vordergrund stehen und die Gefahr besteht, dass die eigentliche Aufgabe der Heilung in den Hintergrund gerückt wird.

---

[55]Weitere Informationen unter: www.samarita.de

Die Samarita Solidargemeinschaft bietet mit ihrer neuen Form der Absicherung von Krankheitskosten die Grundlage, positive Veränderungen im Gesundheitswesen gemeinsam zu bewirken.

Heute stellen Solidargemeinschaften eine echte Alternative zu den herkömmlichen Krankenversicherungen dar und sorgen für individuelle Verbundenheit und gelebte Solidarität. Die Grundlage hierfür bilden unsere 7 Prinzipien:

1. *Therapiefreiheit.*
   Wir realisieren die weitestgehende Entscheidungsfreiheit bei Arzt-, Heilpraktiker- und Therapiewahl.
2. *Verantwortung.*
   Wir fördern die Verantwortlichkeit des Einzelnen für seine Gesundheit und Gesundung. Wir bestärken uns darin, zur Leistungsfähigkeit der Gemeinschaft beizutragen.
3. *Solidarität.*
   Wir erleben uns als Teil eines solidarischen Ganzen und handeln deshalb entsprechend verantwortlich. In den Regionalgruppen unterstützen wir einander direkt und persönlich.
4. *Transparenz.*
   Wir handeln transparent und für jeden Einzelnen nachvollziehbar.
5. *Zuwendung statt Anspruch.*
   Wir haben eine klare Beitrags- und Zuwendungsordnung und geben uns Zuwendungen, statt Ansprüche zu erheben.
6. *Genossenschaftsprinzip.*
   Wir arbeiten wirtschaftlich. Entstehende Gewinne verbleiben in der Gemeinschaft.
7. *Soziales Netz.*
   Wir organisieren uns dezentral in Regionalgruppen. Jeder Einzelne kann sich einbringen und so sein soziales Netz erweitern und gestalten.

– im Grund- und Bodensystem – Beispiel: Allmende (engl. «Commons»)[56]

Die Idee vom Dorf neu erfinden – die Allmende Wulfsdorf hat die Idee vom Dorf neu erfunden: Nachbarschaftlich und individuell leben, Wohnen und Arbeiten miteinander verbinden, sich ökologisch und sozial engagieren – all das wird in Ahrensburg vor den Toren Hamburgs groß geschrieben.

Der Name „Allmende" ist dabei Programm. Wie in alten Zeiten der gemeinschaftlich genutzten Flächen der Dorfgemeinde wie Felder, Wälder und Wege teilen wir unser Land. Unser Grundstück gehört allen EigentümerInnen. Der Grund und Boden ist der Baulandspekulation entzogen und dient dauerhaft den sozialen und ökologischen Zwecken.

In modernisierten Alt- und Neubauten entstanden 100 Wohnungen in 15 Hausgemeinschaften, gemeinsam geplant und realisiert für fast 300 BewohnerInnen zwischen null und 80 Jahren. Rund 40 Prozent der Flächen sind für Gewerbe bestimmt: Im Gesundheits- und Dienstleistungszentrum, im Bestattungsinstitut sowie in den Künstlerateliers arbeiten etwa 50 Selbstständige, Freiberufler und Künstler. Auf dem 6,5 Hektar großen Gelände gibt es außerdem einen integrativen Kindergarten, eine modernisierte Sporthalle und die ökologische Kulturpflanzenentwicklung.

Das Zusammenleben auf der Allmende Wulfsdorf ist eine tägliche Herausforderung für uns. Gemeinsam haben wir das Gelände mit neuem Leben gefüllt und erfolgreich das ehemalige Hamburger Ausbildungszentrum Wulfsdorf in ein soziales und ökologisches Dorf voll spannender Geschichten verwandelt: Der Strukturwandel ist gelungen.

Wir haben einen Blick in die Zukunft geworfen. So könnte Allmende 2020 aussehen: Die Eigenverantwortung hat gesiegt. Die

---

[56]Silke Helfrich und Heinrich Böll Stiftung, COMMONS, transcript 2014; Die Welt der COMMONS, transcript 2015

meisten Entscheidungen fallen zum Wohle aller, die Dorfversammlung und der Dorfrat funktionieren gut. Über endlose Diskussionen der Anfangszeit können wir heute lachen. Im Umfeld von Allmende Wulfsdorf sind weitere Wohnprojekte entstanden, diese neuen Wohnformen strahlen überregional aus. Es gibt ein reges Nachbarschaftsleben rund um den Bornkampsweg. Das Gewerbe auf Allmende ist gewachsen und hat sich etabliert, neue Arbeitsplätze sind entstanden. Die Angebote besitzen eine Anziehungskraft für die ganze Region. Unser Senioren-Spielplatz ist völlig überlaufen. Dorfarena und Platz der Stille erfreuen sich großer Beliebtheit, ein Erlebnisurwald ist die neueste Attraktion. Erdwärme und Sonnenenergie sind Standard geworden, alle Probleme mit der Mülltrennung sind beseitigt. Unsere Allmende-Gastkünstlerin lebt und arbeitet ein Jahr auf Allmende Wulfsdorf. Die Warteliste des Circus Allmendus ist sehr lang, und der Austausch von Nachbarschaftshilfe ist unser größter Spaßfaktor. Der Verein Allmende Wulfsdorf e.V. hat die Seniorenarbeit als zusätzliches Vereinsziel in die Satzung aufgenommen und bietet vielbesuchte Veranstaltungen zum Thema an.[57]

– im kulturellen System – Beispiel: Schule der Zukunft[58]

Wenn wir unser Bild von einer „Schule mit Zukunft" in Deutschland auf wenige Aussagen zusammenfassen, dann kommen folgende Weg-Zeichen zustande:

- Die Schule für morgen ist ein Ort, der alle Beteiligten stärkt – an Geist, Körper und Seele, eine Schule, die nährt und heilend wirkt.

---

[57]Weitere Informationen unter: www.allmende-wulfsdorf.de
[58]Initiative Neue Schulen braucht das Land e.V. – Landauer Str. 43 67346 Speyer Tel. 06232 – 601 08 05 Peter Bauer www.neue-schulen-braucht-das-land.de info@neue-schulen-braucht-das-land.de

- Sie ist ein Ort, der integriert, Brücken baut und Unterschiedlichkeit als Bereicherung begreift (Kulturen, Generationen, Kompetenzen, Geschlechter), und Lernen erfahrbar werden lässt als eine wechselseitige Begegnung von Wissen und Entdecken – auf der Grundlage von Wertschätzung, Offenheit und Neugierde

- Diese Schule ist ein „offenes System", verbunden mit ihrer Nachbarschaft, ihrer Stadt und Region mit dem Blick über diese „Gartenzäune" hinaus, Sie setzt Impulse für ihre Umgebung und lässt sich von dieser inspirieren und herausfordern.

- Eltern sind Lehrende und Lernende – und unterstützen ihre Schule als Ganzes.

- Unsere Schule von morgen ist ein Begegnungsort für Menschen von 1 bis 99 + Jahren

- Sie wird geführt von Menschen, die die Fähigkeit und das Herz dafür haben, hohe Qualität, Menschlichkeit und Lebensfreude entstehen zu lassen und lebendig zu halten.

- Dieser Ort des Lernens und Lehrens wird aktiv mitgestaltet von allen Beteiligten im Sinne einer gemeinsamen Tankstelle für Wissen, Achtung, Freude und Erfolg.

Die gute Botschaft dieses Bildes ist – es gibt diese Orte bereits, auch bei uns, zumindest in sehr ermutigenden Ansätzen! – Und es sind leider noch verschwindend wenige unter den rund 48.000 allgemein- und berufsbildenden Schulen in Deutschland.

Die Initiative „Neue Schulen braucht das Land" unterstützt diesen Wandlungsprozess mit Freude und hoher Kompetenz.

– im medialen System –
Beispiel: „Siebente Gewalt"

Die Medien gelten als „Vierte Gewalt" - wir haben sie im Rahmen der Gewaltenteilung als „Siebente Gewalt" formal etabliert. Es geht dabei um die Unabhängigkeit und Objektivität der Berichterstattung – deshalb regen wir ein Gremium an, dass die Umsetzung dieser Forderungen einfordert; es muss unter allen Umständen vermieden werden, dass die Leitmedien uns als Bürger mit Propagandatechniken gezielt manipulieren im Interesse von Wirtschafts- und Finanzmarktinstitutionen.

Das setzt voraus, dass der investigative Journalismus eine zentrale Wächterfunktion übernimmt und aufdeckt, was in unserer Gesellschaft schiefläuft. „Wir sind Zeugen einer kopernikanischen Wende der Politik, in der die Parteiendemokratie (zutreffender Oligarchie, d. Hg.) zur Mediendemokratie wird (bzw. Parteienoligarchie und Medien verbünden sich in gemeinsamem Interesse mit noch größerem Schaden für die Demokratie, d. Hg.). Die Regeln der medialen Politikdarstellung, die Selektion spektakulärer Ereignisse, Theatralität und die Orientierung an hochinszenierten Effekten, die weite Teile des Mediensystems bestimmen, beginnen zunehmend auch die Politik zu regieren. Die Rollen vertauschen sich: Während in der Parteiendemokratie die Medien die Politik beobachten sollten, damit sich die Staatsbürger eine vernünftige Meinung von ihr bilden können, beobachten in der Mediendemokratie die politischen Akteure das Mediensystem, damit sie lernen, wie sie sich und was sie präsentieren müssen, um in den Medien häufig und attraktiv präsent zu sein. Die Parteien ... werden zunehmend marginalisiert und geraten nicht selten in die Rolle steuerbarer Akklamationskulissen für die medialen Inszenierungsstrategien der Spitzenakteure".[59]

---

[59]Meyer, Thomas: Mediokratie. Die Kolonalisierung der Politik durch die Medien, Frankfurt am Main 2002.

Angesichts des hohen Stellenwerts, den Medien im demokratischen System besitzen, ist es zwingend notwendig, ein freies und offenes Mediensystem zu fördern, das sich selbst durch demokratische Prinzipien wie Pluralität und Meinungsfreiheit sowie eine professionelle Distanz zur Politik auszeichnet.

– im regionalen System –
Beispiel: Regio-Geld – „der Chiemgauer"[60]

Der «Chiemgauer» ist Europas erfolgreichstes Regiogeld. Immer mehr Menschen bezahlen bei rund 600 teilnehmenden Unternehmen in den Landkreisen Rosenheim und Traunstein mit dem Chiemgauer. Und sie helfen damit allen: der regionale Einkauf stärkt insbesondere die kleineren Geschäfte vor Ort, kurbelt die regionale Wirtschaft an und bringt zusätzliches Geld in die Kassen von Vereinen und Einrichtungen mit sozialen Zielen. Das vor sieben Jahren aus einem Schülerprojekt in Prien entstandene Regiogeld versteht sich als Ergänzung des Euro um eine regionale Komponente und einige innovative Elemente. Insgesamt zielt der Chiemgauer als alternative Geldform darauf ab, dass die Wertschöpfung in einer eigenen Region bleibt. Auch sollen lebendige Innenstädte und Dörfer, intakte Vereinsstrukturen und ein helfendes Miteinander gefördert werden.

Dazu zählt der Umlaufimpuls. Der Umlaufimpuls bedeutet, dass Verbraucher die Scheine alle drei Monate um zwei Prozent mit Klebemarken aufwerten muss, wenn er sie nicht weitergibt. Das sorgt dafür, dass der Chiemgauer schneller im Kreis umläuft und so die Geschäftstätigkeit fördert. Auch verhindert dies spekulative Absichten, die mit Geld gerne verbunden werden. Ein Chiemgauer entspricht dem Wert einem Euro, in dem er auch gedeckt ist. Wer

---

[60]www.chiemgauer.info

Chiemgauer mit der Regiocard bei über 40 Ausgabestellen eintauschen möchte, kann dies kostenfrei tun. Voraussetzung: Er muss die ebenfalls kostenfreie Mitgliedschaft beim Chiemgauer e. V. unterschreiben.

Chiemgauer-Unternehmer belohnen den regionalen Einkauf mit drei Prozent, die dem Verein oder sozialen Zweck gutgeschrieben werden, die jedes Mitglied selbst festlegen kann. Im vergangen Jahr konnte der Chiemgauer dank dem fleißigen regionalen Einkauf seiner 2.000 Mitglieder 200 Vereine mit 36.000 Chiemgauer/Euro fördern. Ein stolzer Erfolg für einen ehrenamtlichen Verein. Entscheidend für den Erfolg ist, dass möglichst viele Mitglieder ihren eigenen Verein auf ihre Regiocard eintragen und dann auch fleißig »chiemgauern«.

Über den Chiemgauer: Der Chiemgauer ist mit einem Umsatz von 4 Millionen Chiemgauer in 2009 die erfolgreichste Regionalwährung Deutschlands. Der Chiemgauer e. V. wird getragen von 3.000 Mitgliedern. Davon sind 600 Unternehmer und 200 Vereine, die in 2009 mit 36.000 Chiemgauer gefördert werden konnten. Der Wert des Chiemgauer entspricht 1:1 zum Euro und wird mit diesem gedeckt. Das Regionalgeld besitzt einen Umlaufimpuls (Negativzins) von 2 Prozent pro Quartal und ist alle drei Monate aufzuwerten, wenn er nicht weitergegeben wird. Mit dieser Erinnerungsfunktion ausgestattet wird eine hohe Umlaufgeschwindigkeit erreicht und spekulative Geldeigenschaften ausgeschlossen.

Möchten Unternehmer Chiemgauer in Euro umtauschen, wir der Regionalbeitrag fällig. Diese Rücktauschgebühr soll dazu beitragen, den Chiemgauer im regionalen Kreislauf zu halten. 2007 lagerte der Chiemgauer e. V. seine wirtschaftlichen Tätigkeiten in die Sozialgenossenschaft Regios eG aus.

Der Chiemgauer ging aus einem Schülerprojekt hervor, das 2003 an der Freien Waldorfschule Chiemgauer in Prien seinen Anfang nahm. Chiemgauer-Gründer Dipl. Handelslehrer Christian Gelleri ist bis heute Erster Vorsitzender des Chiemgauer und Geschäftsführer der Regios eG.

Die Ziele des Chiemgauer, dessen Satzung und Leitbild, sowie viele interessante Berichte finden Sie im Internet unter www.chiemgauer.info

7. Von der Mehrheitsentscheidung zum „Systemischen Konsensieren"[61]

Das Wort „systemisch" bedeutet, dass diese Entscheidungsmethode systembedingt bei allen Beteiligten ein konstruktives Verhalten hervorruft, ohne von deren gutem Willen oder sonstigen Eigenschaften abhängig zu sein. Systemisches Konsensieren führt zu einer größtmöglichen Näherung an den Konsens und besitzt damit eine starke konfliktlösende Wirkung. Durch Konsensieren ist es möglich, die gemeinsamen Entscheidungen nicht mehr mit Hilfe von Autorität oder der Macht der Stimmenmehrheit, sondern gemeinschaftlich und ohne die "Nebenwirkungen" von Siegern und Besiegten zu treffen – das traditionelle Sieger-Verlierer-Prinzip wird durchbrochen mit dem entscheidenden Hauptvorteil, dass alle hinter dem Ergebnis stehen und dabei kaum neue Konflikte entstehen. Das SK-Prinzip hilft bei der Weiterentwicklung der Demokratie. Stellen Sie sich vor, eine Gruppe muss sich für eine von drei Alternativen entscheiden. Dabei ist bekannt, dass ein Entscheid

- für Alternative A große Unzufriedenheit in der Gruppe erzeugt,

- für Alternative B mittlere Unzufriedenheit in der Gruppe erzeugt,

- für Alternative C von der Gruppe ohne Unzufriedenheit akzeptiert und von allen Gruppenmitgliedern mitgetragen wird.

Ein Entscheid für Alternative A oder B, die beide Unzufriedenheit in der Gruppe hinterlassen, erscheint beinahe widersinnig. Dennoch

---

[61]Visotschnig, Erich, Systemisches Konsensieren, Danke-Verlag, Holzkirchen 2. überarbeitete Fassung Okt. 2010

ist es gängige Praxis in unseren Demokratien. Wenn wir demokratisch abstimmen, sprich, wenn die Mehrheit sich durchsetzt, bedeutet das beinahe zwangsläufig, dass die überstimmten Minderheiten mit dem Entscheid unzufrieden sind. Nach Alternativen, die von allen mitgetragen werden können, wird durch die Mehrheitsabstimmung nicht gesucht: Die innere politische Zerrissenheit demokratischer Gesellschaften, der ständigen Kampf um die Entscheidungsmacht, der Parteienstreit und die wechselseitige Vernichtung von Energie und Aufbauarbeit des politischen Gegners sind systemisch bedingte Folgen des Mehrheitsprinzips. Viele BürgerInnen spüren daher, dass nicht das Wohl von Volk und Staat, sondern der Machtkampf im Vordergrund des politischen Handelns steht. Sie spüren weiter, dass ihre politische Einflussnahme bei den periodischen Wahlen nicht ausreicht, um dieses systemischen Gesetzmäßigkeiten zu verändern. Und fliehen in Wahlverweigerung und Demokratie-Müdigkeit.

Wenn wir diese Situation ändern wollen, müssen wir ein neues Entscheidungsprinzip in der Demokratie etablieren. Sein systemisches Ziel muss es sein – wie oben angedeutet – die Unzufriedenheit mit der Entscheidung zu minimieren.

Das SK-Prinzip erfüllt diese Forderung. Es lautet in seiner einfachsten Formulierung:

Die Gruppe entwickelt möglichst viele Vorschläge und entscheidet sich dann für jenen, der in der gesamten Gruppe die geringste Unzufriedenheit erzeugt. Das Verfahren, mit dem das SK-Prinzip umgesetzt wird, heißt „Systemisches Konsensieren" und läuft wie folgt ab:

1. Möglichst viele Vorschläge werden entwickelt.

2. Die Vorschläge werden von allen Beteiligten bewertet. Dabei kann jedes Gruppenmitglied seine subjektive Ablehnung, Unzufriedenheit, Widerstände, Ängste, Bedürfnisse und Nöte gegenüber jedem einzelnen Vorschlag durch Widerstandstimmen (W-Stimmen) ausdrücken:

- 0 W-Stimmen bedeutet: Ich habe keinen Einwand gegen diesen Vorschlag.
- 10 W-Stimmen bedeuten: Dieser Vorschlag ist für mich unannehmbar.
- Zwischenwerte werden nach Gefühl vergeben.
- Der Gruppenwiderstand wird errechnet. Dazu werden für jeden Vorschlag die W-Stimmen zusammengezählt, die er von allen Beteiligten erhalten hat.
- Der Vorschlag mit dem geringsten Gruppenwiderstand gilt als „konsensiert".

Der konsensierte Vorschlag

- erzeugt die geringste Unzufriedenheit in der Gruppe ...
- wird von allen gemeinsam am leichtesten angenommen ...
- erzeugt das geringste Konfliktpotenzial ...
- kommt daher als Problemlösung am ehesten in Frage ...
- kommt dem Konsens am nächsten.
- Die großen Vorteile des Konsensierens sind:
- Konsensieren ist nicht blockierbar.
- Durch Konsensieren werden die Konfliktenergie und die Unterschiedlichkeit der Beteiligten in kreative Bahnen gelenkt. Gruppen werden dadurch eher zusammengeschweißt anstatt in Sieger und Besiegte gespalten.
- Konsensierte Entscheidungen werden weitgehend widerstandsfrei umgesetzt. – Konsensieren bei Volksentscheiden/ Volksbefragungen führt nicht zu dem derzeit immer wieder registrierten Unbehagen, weil man eine von zwei Alternativen gutheißen muss, die in vielen Fällen beide gleichermaßen unbefriedigend erscheinen. Direkte Demokratie wird dadurch endlich zu einem befriedigenden Vorgang.
- Bei Partizipation erhalten auch die Vorschläge des/der Einzelnen Gewicht und erlauben so auch dem/der Einzelnen aktive Teilnahme am politischen Geschehen.

- Die Energie und Ressourcen, die derzeit im politischen Gegeneinander vergeudet werden, können in kooperativem Streben nach konstruktiven Lösungen eingesetzt werden.

Konsensieren ist ein erprobtes Verfahren, welches sich seit Jahren im Privaten, in Vereinen, in der Wirtschaft und auch als Werkzeug der Mediatoren bewährt. Sein Einsatz in der Politik ist längst überfällig.

8. Vorliegende Verfassungsentwürfe *(Beispiele)*

– Verfassungsentwurf des Runden Tisches der DDR

Während der Wende von 1989–1990 erarbeitete eine Arbeitsgruppe im Auftrag des Runden Tisches einen am Grundgesetz orientierten Entwurf für eine neue Verfassung der DDR. Aber im Rahmen der deutschen Einigung entschied man sich für einen Beitritt der DDR nach Artikel 23 GG (a. F.) und nicht für den Weg über eine Verfassungsablösung nach Art. 146 GG (a. F.). So wurde von der Möglichkeit, in diesem außerordentlichen historischen Moment eine verfassunggebende Versammlung einzuberufen, kein Gebrauch gemacht. Der Verfassungsentwurf wurde im Auftrag des Zentralen Runden Tisches von einer Arbeitsgruppe aus Vertretern aller am Runden Tisch mitwirkenden Parteien und politischen Bewegungen unter Einbeziehung von Verfassungsexperten geschaffen.

Entwürfe (Auszüge)
Verfassung der Deutschen Demokratischen Republik[62]
Arbeitsgruppe „Neue Verfassung der DDR" des Runden Tisches – Berlin, April 1990

Präambel:

---

[62]Rogner, Klaus Michael, Der Verfassungsentwurf des Zentralen Runden Tisches der DDR, Duncker & Humblot Berlin 1993

„Ausgehend von den humanistischen Traditionen, zu welchen die besten Frauen und Männer aller Schichten unseres Volkes beigetragen haben, eingedenk der Verantwortung aller Deutschen für ihre Geschichte und deren Folgen, gewillt, als friedliche, gleichberechtigte Partner in der Gemeinschaft der Völker zu leben, am Einigungsprozeß Europas beteiligt, in dessen Verlauf auch das deutsche Volk seine staatliche Einheit schaffen wird, überzeugt, daß die Möglichkeit zu selbstbestimmtem verantwortlichen Handeln höchste Freiheit ist, gründend auf der revolutionären Erneuerung, entschlossen, ein demokratisches und solidarisches Gemeinwesen zu entwickeln, das Würde und Freiheit des einzelnen sichert, gleiches Recht für alle gewährleistet, die Gleichstellung der Geschlechter verbürgt und unsere natürliche Umwelt schützt, geben sich die Bürgerinnen und Bürger der Deutschen Demokratischen Republik diese Verfassung."

In 136 Artikeln wurde versucht, eine wirklich demokratische, unabhängige, sozialstaatlich wie ökologisch orientierte DDR zu gestalten. Als sich im Verlauf des Frühjahrs 1990 die deutsche Einheit immer klarer abzeichnete, wurden diese ersten Entwürfe und Überlegungen für die Landesverfassungen genutzt.

– Verfassungsentwurf des Kuratoriums für einen demokratisch verfassten Bund[63]deutscher Länder

(in Zusammenarbeit mit der Heinrich-Böll-Stiftung)

Vom Grundgesetz zur deutschen Verfassung – Denkschrift und Verfassungsentwurf, Berlin, Köln, Leipzig 1991 Das Kuratorium für einen demokratisch verfassten Bund deutscher Länder hat sich am Vorabend des 17. Juni 1990 m Berliner Reichstagsgebäude gegründet, um einen öffentlichen Weg zu einer neuen gesamtdeutschen

---

[63]Kuratorium für einen demokratisch verfassten Bund deutscher Länder (in Zusammenarbeit mit der Heinrich-Böll-Stiftung), Vom Grundgesetz zur deutschen Verfassung – Denkschrift und Verfassungsentwurf, Berlin, Köln, Leipzig 1991

Verfassung zu fördern und einen Verfassu8ngsentwurf zur Diskussion zu stellen. Das Kuratorium hat 1990 zwei Kongresse durchgeführt. Ergebnis dieser beiden Kongresse war die Ausarbeitung eines eigenen Verfassungsentwurfes nach der Systematik des Grundgesetzes unter Einbeziehung des Runden-Tisch-Entwurfes. Dieser Verfassungsentwurf wurde auf dem Kongress „Vom Grundgesetz zur deutschen Verfassung" in der Frankfurter Paulskirche unter großer Beteiligung öffentlich diskutiert.

Präambel:

„Im Bewusstsein seiner Verantwortung vor Gott und den Menschen, von dem Willen beseelt, als gleichberechtigtes Glied in einem vereinten Europa dem Frieden der Welt zu dienen, hat sich das Deutsche Volk kraft seiner verfassungsgebenden Gewalt dieses Grundgesetz gegeben.

Die Deutschen in den Ländern ... (Aufzählung der Bundesländer) ... haben in freier Selbstbestimmung die Einheit und Freiheit Deutschlands vollendet. Damit gilt dieses Grundgesetz für das gesamte Deutsche Volk."

Dieser Verfassungsentwurf, wurde auf der Basis des Grundgesetzes, unter Berücksichtigung des Verfassungsentwurfes des Zentralen Runden Tisches der DDR sowie der Ergebnisse dreier öffentlicher Kongresse in Weimar, Potsdam und Frankfurt a. M., erarbeitet. - Nicht die Angst vor dem Volk, sondern der Respekt vor dem Souverän muss den Weg zu einer neuen Verfassung bestimmen!

– Gemeinsame Verfassungskommission von Bundestag und Bundesrat[64]

Am 16. Januar 1992, hat sich unter Vorsitz von Bundestagspräsidentin Prof. Dr. Rita Süssmuth und des Präsidenten des Bundesrates, Dr. Alfred Gomolka, die „Gemeinsame Verfassungskommission von Bundestag und Bundesrat" konstituiert. Nach einer langen und kontroversen Debatte hatte der Deutsche Bundestag in der 61. Sitzung seiner zwölften Legislaturperiode am 28. November 1991 die Einsetzung dieser Kommission aus je 32 Mitgliedern des Bundestages und des Bundesrates beschlossen (12/1590, 12/1670).

Nach der deutschen Wiedervereinigung am 3. Oktober 1990 sollte sich diese Kommission mit notwendigen und wünschenswerten Grundgesetzänderungen und -ergänzungen befassen. Einsetzung und Auftrag dieser Kommission gingen auf eine Empfehlung der Vertragsparteien, also der Bundesrepublik und der DDR, in Artikel 5 des Einigungsvertrages vom 31. August 1990 und die Beratungen im Vorfeld zurück.

Mehr Bürgerbeteiligung

Die unterschiedlichen Interessen und Vorstellungen der Fraktionen kamen bereits in ihren Anträgen zum Ausdruck. Die SPD wollte mit ihrem Antrag „Weiterentwicklung des Grundgesetzes zur Verfassung für das geeinte Deutschland" (12/415) eine „zeitgemäße Fortentwicklung des Grundgesetzes" zur gesamtdeutschen Verfassung, mehr Bürgerbeteiligung, soziale Grundrechte und die Verankerung von Staatszielen, wie beispielsweise dem Umweltschutz. Die Gruppe Bündnis 90/Die Grünen sprach sich in ihrem Antrag (12/563) für eine neue gesamtdeutsche Verfassung und mehr Bürgerbeteiligung aus. Beide sahen einen großen Verfassungsrat von 120 (SPD) oder 160 Mitgliedern (Bündnis 90) für die Beratungen vor. Am Ende

---

[64]http://www.bundestag.de/dokumente/textarchiv/2012/37370491_kw02_verfassungskommission/207416

des Prozesses sollte eine Volksabstimmung über die neue gemeinsame Verfassung stehen.

Der Antrag der Regierungskoalition von CDU/CSU und FDP zur „Einsetzung eines gemeinsamen Verfassungsausschusses" (12/567) sah lediglich ein Gremium von je 16 Mitgliedern des Bundestages und des Bundesrates und die in Artikel 5 des Einigungsvertrages umrissenen Grundgesetzänderungen sowie notwendige Änderungen vor, die mit der Verwirklichung der Europäischen Union erforderlich werden.

Kontroverse um demokratische Legitimation

Bereits in der ersten Verfassungsdebatte des Bundestages am 14. März 1991 zeigten sich die Unterschiede und späteren Kontroversen in der Verfassungskommission deutlich. Auf der einen Seite stand die Koalition, die das Grundgesetz in seiner Form bewahren wollte. Auf der anderen Seite die Opposition mit ihren Vorstellungen von einer Erneuerung der Verfassung.

Gestritten wurde vor allem um die demokratische Legitimation des Grundgesetzes, die Möglichkeit der Volksabstimmung über die gemeinsame Verfassung und mehr plebiszitäre Elemente. Ein Kompromiss zwischen den Fraktionen konnte in verfahrensrechtlichen Fragen erzielt werden, sodass man sich am 28. November auf die Einsetzung eines 64-köpfigen gemeinsamen Gremiums von Bundestag und Bundesrat einigte. Entscheidungen der Kommission benötigten danach eine Zweidrittelmehrheit.

Selbstbefassungsrecht entwickelt

Zu Umfang und konkretem Auftrag der Kommission wurde keine Einigung erzielt. Im Laufe ihrer Tätigkeit entwickelte die Kommission ein so genanntes Selbstbefassungsrecht. Materiellrechtliche Fragen wurden auch in der Kommission weiterhin kontrovers diskutiert.

Eine Besonderheit der Kommission, auch um die Gleichberechtigung von Parlament und Länderkammer in der Verfassungsdiskussion zu betonen, war der gemeinsame Vorsitz von Prof. Dr. Rupert Scholz (CDU/CSU) für den Bundestag und dem damaligen Ersten Bürgermeister der Freien und Hansestadt Hamburg, Dr. Henning Voscherau (SPD), für den Bundesrat.

Kommission tagte öffentlich

In ihrer vierten Sitzung am 2. April 1992 beschloss die Kommission, öffentlich zu tagen. Von Anfang an wurde die Arbeit der Kommission von einer interessierten Öffentlichkeit begleitet. Zahlreiche Bürgerinnen und Bürger beteiligten sich am Verfassungsdiskurs.

Während ihrer Tätigkeit erreichten die Kommission 800.000 Eingaben, sowohl Individual- als auch Masseneingaben. Besonders groß mit mehr als 266.000 Eingaben war das Interesse an Fragen der direkten Demokratie.

Keine Mehrheit für Volksentscheid

Über den Katalog des Artikels 5 des Einigungsvertrages hinaus hatte die Kommission knapp die Hälfte aller Grundgesetzartikel hinsichtlich ihrer Änderungs- oder Ergänzungsbedürftigkeit überprüft. Aufgrund der bestehenden Mehrheitsverhältnisse und der Notwendigkeit einer Zweidrittelmehrheit für Entscheidungen konnte sie jedoch nur in wenigen Fällen eine Empfehlung für eine entsprechende Grundgesetzänderung aussprechen. Größere Änderungen des Grundgesetzes oder der Volksentscheid fanden keine entsprechende Mehrheit im Gremium.

Gegen Ende ihrer Arbeit zählte die Kommission lediglich 62 Mitglieder. Der Abgeordnete Dr. Wolfgang Ullmann von Bündnis 90/Die Grünen und sein Stellvertreter Gerd Poppe hatten in der 21. Sitzung der Kommission am 6. Mai 1993 auf eine weitere Mitarbeit verzichtet, da sie ihre verfassungspolitischen Vorstellungen und Erwartungen in den Beratungen und Abstimmungen der Kommission nicht verwirklicht sahen. Am 5. November 1993 legte die Gemeinsame Verfassungskommission ihren Abschlussbericht (12/6000) vor.

Neuer Artikel 23

Eine wichtige Änderung des Grundgesetzes, die im Rahmen der Gemeinsamen Verfassungskommission verhandelt worden war, trat bereits am 25. Dezember 1992 im Zusammenhang mit der Ratifizierung des Maastrichter Vertrages in Kraft. An die Stelle des alten Artikels 23 des Grundgesetzes, der den Beitritt zum Bundesgebiet geregelt hatte, trat der „Europaartikel".

Artikel 23 liefert die verfassungsrechtliche Grundlage für die Integration der Bundesrepublik in die Europäische Union regelt die Zusammenarbeit zwischen Bundesregierung, Bundestag und Bundesrat in Angelegenheiten der EU.

Deutscher Bundestag – 12. Wahlperiode – Drucksache – 12/6000

05. 11. 93 – Bericht der Gemeinsamen Verfassungskommission gemäß Beschluss des Deutschen Bundestages

– Huber, Joseph, GG-Szenario – 159 Artikel für einen neuen Gesellschaftsvertrag[65]
Büchergilde Gutenberg, Frankfurt a. M., 1. Auflage 2005

Der Autor wagt das scheinbar Unmögliche: Er erarbeitet ein neues, um den Bereich Wirtschaft erweitertes Grundgesetz und benennt alle notwendigen Reformen, um Deutschland von seiner Lähmung und Lethargie zu befreien, aus seiner wirtschaftlichen Stagnation zu reißen und zu einer zukunftsfähigen, freiheitlichen Demokratie zu machen. Ein Reformentwurf mit einer differenzierten Gesamtschau.

Wir – die Herausgeber – teilen viele der in diesem Szenario genannten Reformen nicht, doch wollen wir hier keine Bewertungen vornehmen, sondern lediglich auf Verfassungsentwürfe hinweisen.

---

[65]Huber, Joseph, GG-Szenario – 159 Artikel für einen neuen Gesellschaftsvertrag, Büchergilde Gutenberg, Frankfurt a. M., 1. Auflage 2005

www.initiative146.de

„Die Mitglieder der INITIATIVE 146 sind Bürger, welche die Auffassung vertreten, dass das Grundgesetz als Produkt der Nachkriegszeit so nicht mehr in die heutige Zeit und ihren Menschen passt. Es reicht nicht, ein mehr oder weniger umfangreiches Update auf die Erfordernisse einer gewandelten Gesellschaft zu versuchen. Für die Anforderungen des 21. Jahrhunderts benötigen wir einen vollständigen Neuanfang.

Unser nicht eingetragener Verein hat das bisherige Grundgesetz als Vorbild genommen, manches fortgeschrieben, anderes hinzugefügt und vieles völlig auf den Kopf gestellt. Vieles, was wir geschrieben haben, ist nicht neu und schon einmal irgendwo diskutiert worden.

Mit diesem Verfassungsvorschlag wollen wir einen gesellschaftspolitischen Dialog auf allen Ebenen anstoßen. Wir wollen, dass sich alle Bürger an ihm reiben, kontrovers diskutieren und etwas erreichen, was wir alle gemeinsam und selbstbestimmt in Kraft setzen können. Am Ende soll es nicht nur „eine Verfassung" sein, sondern „Unsere Verfassung"!

Dabei halten wir es mit Jacques Rancière, der in einer seiner Schriften zum Ausdruck brachte, dass ein politisches Volk nur dann existiert, wenn es die polizeiliche Verteilung der Anteile, die den verschiedenen Teilen der Gesellschaft zugestanden werden, aufbricht oder durcheinanderbringt."

Präambel

In Vollendung des Artikels 146 Grundgesetz vom 23.05.1949 geben sich die Bürgerinnen und Bürger der Bundesrepublik Deutschland nach der Vollendung der Einheit und Freiheit Deutschlands am heutigen Tage kraft ihrer verfassungsgebenden Gewalt eine neue Verfassung, die von den Bürgerinnen und Bürgern selbstbestimmt und in freier Entscheidung beschlossen worden ist.

Diese Verfassung dient dem Schutz der Menschen, der Freiheit und allen Ressourcen, welche die Lebensgrundlagen der jetzigen und nachfolgenden Generationen bilden.

Diese Verfassung ist der Einstieg in ein neues Jahrhundert, das neue Anforderungen an jeden Einzelnen, unsere Gesellschaft und die Politik stellt, in dem es aber auch erstmalig möglich ist, die technologischen Errungenschaften zum Wohle des Menschen und dessen Selbstverwirklichung in Frieden und Freiheit einzusetzen.

Diese Verfassung ist der Grundstein für ein vereintes Europa, in dem alle Völker an allen Gestaltungsprozessen aktiv und demokratisch beteiligt sind und selbstbestimmt entscheiden, wie ihr Europa in seiner Vollendung aussehen soll.

9. Der Weg zum Ziel

– Artikel 146 Grundgesetz: Eine weginterpretierte Verfassungsnorm?[66]

Die erste Frage ist, ob sich Dornröschen aufwecken lässt oder ob der Prinz, schiebt man die Ranken zur Seite, vor einer schönen Leiche steht. In allen Textausgaben ist der Artikel 146 GG noch vorhanden. Er hieß bis zum Einigungsvertrag, also bis zum Jahre *1990:* *„Dieses Grundgesetz verliert seine Gültigkeit an dem Tage, an dem eine Verfassung in Kraft tritt, die von dem deutschen Volke in freier Entscheidung beschlossen worden ist."* Im Einigungsvertrag ist der Artikel 146 GG um einen Halbsatz ergänzt worden und lautet nun: „Dieses Grundgesetz, *das nach Vollendung der Einheit und Freiheit Deutschlands für das gesamte deutsche Volk gilt,* verliert seine Gültigkeit ..." usw. Damit ist der Geltungsanspruch des Grundgesetzes, „für das gesamte deutsche Volk" postuliert.

---

[66]Meyer, Prof. Dr. Hans, Nachdruck aus dem „Visionen-Reader I", siehe Literaturverzeichnis, S. 35 ff.

Was macht ein Staatsrechtslehrer, wenn er einen Artikel des Grundgesetzes für fatal hält. Er schafft ihn ab. Wie macht man das? Die eleganteste Form ist, man erklärt ihn für obsolet, seine Wirkung habe sich erschöpft. Die Schwierigkeit dieser These besteht darin, dass die Erschöpfung durch Nichtnutzung zustande gekommen sein soll. Das ist natürlich nicht einfach zu vermitteln. Also sagt man, das Grundgesetz hat für die Vereinigung zwei Wege angeboten, der eine Weg führt über Artikel 23 Satz 2 GG a. F. (= alte Fassung) und der andere Weg über 146 GG. Da nun der eine Weg gegangen worden ist, nämlich der über Artikel 23 Satz 2 GG a. F., ist der andere nicht mehr gangbar, da man schon am Ziel ist. Man kann sich eben nicht gleichzeitig mit dem Auto *und* der Eisenbahn bewegen. Das ist durchaus logisch, aber die beste Logik nutzt nichts, wenn die Prämisse falsch ist. Dass sie falsch ist, werde ich im Folgenden zu beweisen versuchen.

Weder Artikel 23 Satz 2 GG a. F., noch Artikel 146 GG weisen Wege zur Vereinigung der beiden Teile Deutschlands auf. Vielmehr verhalten sich beide zur Frage, was mit dem Grundgesetz in einem solchen Falle passiert oder passieren kann. Die Vereinigung ist ein staatsrechtlicher Akt. Sie wäre auch möglich gewesen, ohne dass Artikel 23 Satz 2 GG a. F. oder Artikel 146 GG aktiviert worden wäre, wenn nämlich das Völkerrechtsubjekt Bundesrepublik Deutschland und das Völkerrechtsubjekt Deutsche Demokratische Republik einen Vertrag geschlossen hätten, in dem sie sich zu einem neuen Staat vereinigten. Wenn man der von mir für falsch gehaltenen Rechtsprechung des Bundesverfassungsgerichtes zum Rechtsnormcharakter des entsprechenden Vereinigungsauftrages der alten Präambel zuneigt, dann hätte man kaum Gründe gehabt, ein solches Angebot auszuschlagen. Wir sind davon verschont geblieben, weil die DDR zu marode war, einen solchen Vertrag auch nur anzubieten. Sie war im Übrigen so schwach, dass jeglicher Vertrag, der mit ihr geschlossen wurde, und also auch der Einigungsvertrag, ein außerordentlich ungleicher Vertrag werden musste.

Artikel 23 GG a. F. und Artikel 146 GG sind also keine Wege *zur* Vereinigung, sondern bieten *bei* einer staatsrechtlichen Vereinigung

Modalitäten auf dem Gebiete des Verfassungsrechts an. Eine andere Modalität wäre gewesen, in dem Vertrag zwischen der Bundesrepublik und der DDR eine Verfassung zu vereinbaren, wie das in der deutschen Verfassungsgeschichte ja durchaus ein Vorbild hat. In einem solchen Falle hätte man höchstens überlegen können, ob die bundesrepublikanische Seite wegen Artikel 146 GG gehalten gewesen wäre durchzusetzen, dass die neue Verfassung das Plazet einer Volksabstimmung oder jedenfalls einer vom Volk gewählten Nationalversammlung erhält. Der Artikel 23 Satz 2 GG a. F. wäre in einem solchen Falle tatsächlich obsolet geworden, weil sich die Möglichkeit von Beitritten erschöpft hat, da wir ja nicht davon ausgehen, dass etwa Ostpreußen oder Schlesien wieder beitreten könnten.

Auch Artikel 23 Satz 2 GG a. F. regelt nicht den Beitritt, sondern setzt ihn voraus. Die DDR ist auch nicht dem Grundgesetz beigetreten, dann wäre ein Inkraftsetzen überflüssig geworden, sondern, wie es in dem DDR-Gesetz etwas komisch heißt, dem „Geltungsbereich des Grundgesetzes". Nun war der Beitritt mitsamt der Konsequenz der Erstreckung der Geltung des Grundgesetzes auf die beigetretenen Teile Deutschlands die einfachste Lösung, die man ohne großen Aufwand erreichen konnte. Da sich alle unter einem außenpolitischen Zeitdruck wähnten, war diese Variante auch konsequent und nach Lage der Dinge die vernünftigste. Da Artikel 146 GG keinen Weg zur Vereinigung bot, sondern lediglich das Verhältnis des unter ungewöhnlichen und für eine Verfassungsgebung fast desaströsen Bedingungen entstandenen Grundgesetzes zu einer folgenden, unter normalen Bedingungen zustande gekommenen Verfassung regelt, nämlich im Sinne der automatischen Ersetzung des Grundgesetzes, konnte diese Bestimmung weder von dem Beitritt der DDR noch von der Inkraftsetzung des Grundgesetzes, zu dem sich ja die Verfassungsgebung im Sinne des Artikels 146 GG gerade verhalten sollte, berührt werden.

Besonders kurios in der Debatte ist, dass die eine Seite behauptet, die Einfügung des Halbsatzes, wonach das Grundgesetz nach der Vollendung der Einheit und Freiheit Deutschlands für das gesamte deutsche Volk gilt, habe die Weitergeltung des Artikels 146 GG bestätigt, weil man ja schließlich keinen Artikel um eine beschreibende Aussage ergänze, den man gerade als obsolet geworden betrachte, während die andere Seite meint, mit diesem Halbsatz sei klargestellt worden, dass wir jetzt eine gesamtdeutsche Verfassung haben und also keine neue brauchten. Ich will Sie nicht mit dem Gehirnschmalz belasten, der auf diese Frage verwendet worden ist, weil die zweite Variante ein solches Maß an Absurdität enthält, dass man sie besser der Vergessenheit anheim fallen lässt. Spätestens der Hinweis, dass der Einschub etwas ganz anderes thematisiert, als Artikel 146 GG selbst regelt, hätte die Abwegigkeit der Überlegung deutlich gemacht. Das „nach Vollendung der Einheit und Freiheit Deutschlands" des Einschubs nimmt Bezug auf den letzten Satz der alten Präambel, der das ganze Deutsche Volk für aufgefordert hält, „in freier Selbstbestimmung die Einheit und Freiheit Deutschlands zu vollenden". Mit Freiheit ist hier nicht die grundrechtliche Freiheit, also eine der Freiheit verpflichtete Verfassung, sondern die Freiheit von Besatzungsmächten gemeint. Nun ist evident, dass nach der Ablösung der letzten besatzungsrechtlichen Regeln die Freiheit und nach dem Beitritt die Einheit vollendet ist. Das alles hat aber nichts damit zu tun, dass das Grundgesetz nicht von dem Deutschen Volk in freier Entscheidung beschlossen worden ist. Vielmehr ist ein unter sehr anderen Bedingungen entstandenes Grundgesetz lediglich in seinem Geltungsbereich auf ganz Deutschland erstreckt worden.

Nun wird schließlich noch, um Artikel 146 GG unschädlich zu machen, argumentiert, das deutsche Volk der alten Bundesrepublik habe sich, wie man spätestens an der kontinuierlich hohen Wahlbeteiligung sähe, mit dem Grundgesetz identifiziert und das Volk der neuen Bundesländer habe eben dies durch den Beitritt getan. Ich will einmal meine Verwunderung darüber, was Kollegen glauben, alles über das Volk zu wissen, beiseite lassen, und auch die Tatsache negieren, dass keineswegs das Volk der neuen Bundesländer den Beitritt erklärt hat, sondern der Einigungsvertrag mitsamt seinen

Verfassungsänderungen von einer sehr kleinen Gruppe von Politikern und Bürokraten ausgearbeitet und lediglich von der entsprechenden Volksvertretung beschlossen worden ist. Viel einfacher ist der Einwand, dass es bei Artikel 146 GG nicht darum geht, einer schon bestehenden Verfassung zuzustimmen, sondern darum, mindestens die Chance zu haben, als Volk eigene Ideen der Verfassungsgestaltung anzubringen.

Als allerletztes „Argument", dem Artikel 146 GG den Garaus zu machen, wird auf die allemal bestehende Verfassungssouveränität des Volkes verwiesen; es könne doch sowieso jederzeit eine neue Verfassung geben. Ich will mich zur Abkürzung weder darauf einlassen, wie es mit der Verfassungssouveränität des deutschen Volkes tatsächlich bestellt ist, noch will ich der Frage nachgehen, ob der Artikel wegen dieses Grundes nur überflüssig oder wegen gravierender Unsinnigkeit nichtig wäre. Es genügt der Hinweis, dass Artikel 146 GG die originäre Verfassungsgebung durch das deutsche Volk vor dem Verdikt der Revolution schützt. Die dieses Argument benutzen, wären die Ersten, die den Staat zum Eingriff gegen das aufmüpfige Volk aufriefen. Denn bekanntlich sind Revolutionen solange rechtswidrig, solange sie nicht gesiegt haben.

Dornröschen ist also keine schöne Leiche, sondern muss nur wachgeküsst werden. Es könnte freilich – seinem Namen auf eine andere Art Rechnung tragend – selbst voller Dornen sein, wenn nämlich die These stimmte, dass für die Verfassungsgebung nach Artikel 146 GG die Regeln des Artikel 79 III GG gelten würden. Dies wird tatsächlich von einigen Kollegen vertreten, wobei der Begründungsaufwand klugerweise gering gehalten wird, wenn er überhaupt für nötig erachtet wird.

Gegen diese These könnte man sich schon formal mit dem Hinweis begnügen, dass Artikel 79 III GG nur für *Grundgesetzänderungen* gilt und Artikel 146 GG in seiner Auswirkung eben keine Grundgesetzänderung, sondern die Neuschaffung einer Verfassung thematisiert. In der Sache liegt der Witz des Artikel 146 GG gerade darin, dass das Grundgesetz selbst sich seines Geburtsfehlers bewusst ist und sich deshalb selbstverständlich *insge*samt zur Disposition einer Verfassung stellt, die die beiden wesentlichen Handicaps der Entstehung des Grundgesetzes beseitigt, nämlich dass es nicht vom deutschen Volk, sondern von einem Rat beschlossen worden ist, der den Auftrag von den Ministerpräsidenten der Länder und keineswegs vom Volk hatte, und dass dieser Beschluss unter der Oberaufsicht fremder Mächte gestanden hat. Außerdem darf ich darauf hinweisen, dass Artikel 79 III GG sehr unterschiedlich wichtige Materien nennt und es gar nicht einzusehen wäre, dass zum Beispiel „die grundsätzliche Mitwirkung der Länder bei der Gesetzgebung", gemeint ist offensichtlich die des Bundes, für alle Ewigkeit feststehen soll, obwohl man sich eine Aufteilung der Gesetzgebungskompetenzen und der Verwaltungskompetenzen vorstellen könnte, die keinen Sinn gäbe, die Länder an der Gesetzgebung des Bundes mitwirken zu lassen. Man kann also getrost davon ausgehen, dass das in Artikel 146 GG genannte deutsche Volk, wenn es denn in freier Entscheidung tätig wird, souverän ist in der Gestaltung der Verfassung.

1. *Kommentar zu den Anmerkungen von Prof. Dr. Hans Meyer (Die Herausgeber):*

Zu manchen der essentiellen Interpretationen und Äußerungen von Prof. Meyer vertreten wir eine abweichende Überzeugung, die wir nachstehend darstellen wollen.

Der Art.146 macht unmissverständlich deutlich, dass Grundgesetz und Verfassung nicht dasselbe sind: Eine Verfassung löst durch freie (zustimmende) Entscheidung des Volkes das (nicht vom Volk bestimmte) Grundgesetz ab. Dieser Satz hätte auch gegolten, wenn das deutsche Volk nicht geteilt worden wäre, und er gilt somit noch immer, da diese freie Entscheidung des Volkes über eine Verfassung noch ausstehen. Die Modalitäten der Vereinigung sind dabei unerheblich, wichtig ist nur, dass eine (gesamt)deutsche Verfassung auch vom (gesamten)deutschen Volk frei bestimmt wird.

Wir sind daher abweichend von Prof. Meyer nicht der Meinung, das Grundgesetz sei eine (demokratische) Verfassung. Wir sehen das Grundgesetz als ehrenwertes Konstrukt mit der Aufgabe eines Stellvertreters und Platzhalters für eine (spätere) Verfassung.

Dabei lassen wir uns in Abweichung von Prof. Meyer durch folgende Logik leiten:

1. *Prämisse: Die Bundesrepublik Deutschland ist ein demokratischer...Bundesstaat. (Art.20.1 GG)*

2. *Prämisse: Erst eine durch das Volk verabschiedete Verfassung legitimiert Recht und Rechtsstaat.*

3. *Prämisse: Deutsche Verfassung kommt vom Volk. («Alle Staatsgewalt geht vom Volke aus.» Art.20 GG)*

4. *Prämisse: Art.146 GG unterscheidet deutlich zwischen Grundgesetz und Verfassung. Konklusion 1: Demokratische Verfassungen eines Rechtsstaats müssen zwingend vom Volk kommen.*

Konklusion 2: Das GG ist keine demokratische Verfassung, da das Volk es (noch) nicht zur Verfassung gemacht hat. Diese Auffassung bestätigt auch Art.146 GG (3.Prämisse).

Konklusion 3: Ist die Bundesrepublik Deutschland eigentlich ein demokratisch legitimierter Rechtsstaat?

Verfassungshinweise zur Aktivierung des Volksrechtes

Daher konzentriert sich alles auf die Frage, wie man denn eine solche Verfassungsgebung bewerkstelligen könnte, ohne dass automatisch die oben gezeigten Schwächen oder vielleicht gar noch schlimmere auftreten.

Ich glaube, man muss sich zunächst den einzelnen Aussagen des Artikel 146 GG etwas näher widmen, um zu sehen, welche Fingerzeige die Verfassung selbst gibt. Es ist evident, dass es keinen Sinn gibt, eine Verfassung zur Disposition einer anderen zu stellen, wenn die Entstehungsbedingungen sich kaum voneinander unterscheiden. Deshalb wird man von Artikel 146 GG erwarten müssen, dass es diese Unterscheidungsmerkmale formuliert. Das ist auch der Fall, und zwar sind es zwei Unterscheidungsmerkmale, die nicht miteinander zusammenhängen.

Das eine Unterscheidungsmerkmal ist, dass die Verfassung nach Artikel 146 GG „in freier Entscheidung" beschlossen werden muss. Wie wir schon gesehen haben, ist das der Rückgriff auf den letzten Satz der alten Präambel, wonach wir aufgefordert werden, die „Freiheit Deutschlands" zu vollenden. Dies war dem Parlamentarischen Rat nicht möglich, weil sowohl die Erlaubnis zur Verfassungsgebung von den drei westlichen Besatzungsmächten stammte, als auch klar war, dass der Inhalt der Verfassung ihrer Genehmigung unterlag. So ist auch bekannt, dass die Besatzungsmächte in wichtigen Angelegenheiten der Staatsorganisation durchaus und zum Teil massiven Einfluss ausgeübt haben. Das trifft zum Beispiel alles das, was mit der föderalen Gestaltung des Bundes zusammenhängt.

Das zweite Unterscheidungsmerkmal zum Grundgesetz ist, dass die nach Artikel 146 GG zu schaffende Verfassung „von dem deutschen Volk in freier Entscheidung beschlossen" sein muss. Diese Formulierung reagiert auf das zweite Handicap des Grundgesetzes. Der Wunsch zur Verfassungsgebung ist von den Alliierten ausgegangen. Nach dem Bruch der Allianz gegen Hitler wollten die Westalliierten den von ihnen besetzten Teil Deutschlands in die westliche Allianz einbeziehen. Über den Teil in der Hand des neuen Feindes, der Sowjetunion, konnte man nicht verfügen. Die Einbeziehung in die westliche Allianz setzte aber eine gewisse Eigenständigkeit Westdeutschlands voraus, und dies sollte durch eine Verfassung und damit den Aufbau eines Weststaates ermöglicht werden. Die Ministerpräsidenten der Länder haben sich diesem Ansinnen so lange widersetzt, solange die regierende Bürgermeisterin von Berlin die These vertrat, dass mit einer isolierten Verfassungsgebung für die westlichen Besatzungszonen Berlin dem sowjetischen Zugriff insgesamt ausgesetzt sei. Erst als der ihr im Amt folgende Ernst Reuter die umgekehrte These vertrat, dass nur ein neu organisiertes und stabiles Westdeutschland wenigstens den Westteil Berlins sichern könne, stimmten die Ministerpräsidenten einer Verfassungsgebung zu. Das Volk ist nicht gefragt worden, ob es überhaupt einen isolierten Weststaat haben wolle, noch, ob es denn und wie es eine Verfassung wünsche.

Vielmehr haben die Landtage, die nicht unter diesem Gesichtspunkt gewählt worden sind, die Mitglieder des Parlamentarischen Rates entsandt, und der Parlamentarische Rat ist sich dieser seiner Legitimationsschwäche durchaus bewusst gewesen. Es sind prominente und des Umstürzlertums gewiss nicht verdächtige Mitglieder des Parlamentarischen Rates gewesen, nämlich Dehler und von Brentano, die – vergeblich – darauf bestanden haben, dass bei diesem Geburtsfehler der Entstehung des Grundgesetzes wenigstens das Volk über das Ergebnis abstimmen müsse. Wie schon gezeigt, ist das nicht geschehen, und zwar aus der Furcht, dass das Volk noch nicht reif sei, eine solche Entscheidung zu fällen. Artikel 146 GG ist insofern die Kompensation für dieses aus der Lage erzwungene rabiate Vorgehen.

Es bleibt die Forderung, dass die neue Verfassung Produkt einer freien Entscheidung *des Volkes* sein soll. Der traditionelle Weg wäre, wenn der Deutsche Bundestag ein Ausführungsgesetz zu Artikel 146 GG machte. Vielleicht ist er sogar dazu verpflichtet, solange sich das Volk nicht selbst die Regeln geben kann; denn eine ausführungsfähige, aber nicht ausführbare Bestimmung ist dem Grundgesetz sonst fremd. Das Gesetz könnte den Bundestag zur Erarbeitung eines Entwurfs verpflichten, der dann dem Volk zur Entscheidung vorzulegen wäre, oder aber das Gesetz verlangte die Wahl eines Nationalkonvents, dessen Vorschlag endgültig oder wiederum dem Volk vorzulegen wäre. Letzteres hielte ich für sinnvoller, weil der notwendige Volksentscheid die Arbeit des Konvents disziplinieren und weil dem Artikel 146 GG dadurch im Vollsinne Rechnung getragen würde. Der deutsche Bundestag könnte dem Konvent, was ich für vernünftig hielte, nahe legen, die Verfassungsgebung als eine Art Generalüberholung des Grundgesetzes anzusehen. Dazu verpflichten könnte er ihn schwerlich.

Selbstverständlich lässt sich eine Reihe von Variationen denken. Darum kann es hier nicht gehen. Vielmehr ist der Blick zurückzuwenden auf die Reformnotwendigkeiten, die zu Beginn aufgezeigt worden sind. Könnte ihnen ein solches oder ähnliches Verfahren Rechnung tragen oder sitzen im Nationalkonvent dann doch wieder dieselben Leute, die schon unter der Geltung des Artikels 79 GG jegliche relevante Reform verhinderten?

Ich glaube nicht, dass das Unternehmen einen Sinn macht, wenn man nicht bei der Erarbeitung der Verfassung Inkompatibilitäten vorsieht. Es gibt keinen Sinn, Personen über eine Korrektur des Systems entscheiden zu lassen, deren Berufsexistenz von der Entscheidung abhängt oder jedenfalls gravierend betroffen werden kann. Sollte man ernsthaft hohen Ministerialbeamten der Länder oder Abgeordneten von Landtagen abfordern, über die Aufgabe ihres Landes nicht nur nachzudenken, sondern auch positiv zu votieren? Sollte man von staats- oder parteifinanzierten Parteileuten erwarten können, dass sie die Grundlagen ihrer beruflichen Existenz in Frage stellen oder gar gefährden? Zum „Volk" im Sinne des Artikels 146 GG gehören sie selbstverständlich auch und ebenso selbstverständlich dürften sie bei einem Volksentscheid mit abstimmen, aber das Volk sind im Wesentlichen die anderen. Da man sowieso bei der Erarbeitung einer neuen Verfassung, ganz gleich, wie man sie organisiert, eines sachkundigen Apparates bedarf, würde auch diese Personengruppe nicht ohne Einfluss sein.

Wem dies alles zu revolutionär und im Blick auf den deutschen Bundestag, der das beschließen müsste, auch illusionär erscheint, den darf ich auf eine Konsequenz der schon erwähnten Überlegung, direktdemokratische Elemente im Bund einzuführen, verweisen. Ein drohender Volksentscheid zur Ausführung des Artikels 146 GG könnte dem deutschen Bundestag durchaus Beine machen.

2. Kommentar zu den Anmerkungen von Prof. Dr. Hans Meyer (Die Herausgeber)

Prof. Meyer führt an: «Von den beiden Fingerzeigen des Artikels 146 GG hat der Hinweis auf die notwendig „freie Entscheidung" des Volkes seine Bedeutung verloren. Deutschland ist souverän, und soweit wir auf Teile der Souveränität etwa zugunsten Europas verzichtet haben, geschah es freiwillig.»

Wir können der vorgehenden Verwendung des Begriffes «frei» im Zusammenhang mit der Verfassungsdiskussion und Art. 146 GG und der gezogenen Schlussfolgerung nicht zustimmen und vertreten hier eine differenzierte Haltung:

Im obigen Zitat bezieht sich der Begriff ausschließlich auf die sog. «negative Freiheit» (Freiheit wovon). Gerade im Zusammenhang mit einer Verfassungsgebung als rechts- und staatslegitimierendem Schritt ist aber der Zustand einer «positiven Freiheit» viel entscheidender, wird aber gar nicht angesprochen. Der Freiheitsbegriff schwächt nach unserer Überzeugung auch keineswegs das Anliegen des Art. 146 GG, wie Prof. Meyer es sieht. Im Gegenteil, gerade auch die Argumentation von Prof. Meyer stärkt dieses aus unserer Sicht:

Denn wenn das Grundgesetz unter den Umständen einer Zwangssituation entstanden ist, wird es nicht allein dadurch zu einem «freien» Gesetz, dass diese Zwangssituation bei unverändertem und nicht vom «freien» Volk verabschiedeten Inhalt aufgehoben wurde. Nicht nur der Tatbestand von «positiver Freiheit» ist somit bisher nicht erfüllt, auch der Tatbestand von «negativer Freiheit» bleibt zumindest äußerst zweifelhaft.

– Verfassungs-Konvent

Der Verfassungs-Konvent ist eine außerordentliche, einmalige und temporärer politische Einrichtung. Darunter ist eine verfassungsberatende und -vorschlagende Versammlung zu verstehen, deren Entwurf durch den Souverän zu ratifizieren ist, um unserem Staat – der Bundesrepublik Deutschland – eine erste Verfassung zu geben, die das Grundgesetz ablöst.

Dieser 'Verfassungs-Konvent ist staatlich zu organisieren und zu finanzieren!

Der Verfassungs-Konvent ist Ausdruck der Souveränität der Bürger („Alle Staatsgewalt geht vom Volke aus").

In einer Verfassunggebenden Versammlung konkretisiert sich die legislative Gewalt des Volkes und der rechts- wie staatslegitimierende Schritt wird eingeleitet. Nach dem demokratischen Legitimitätsprinzip der Volkssouveränität ist sie im Besitze der originären Gewalt, die einen höheren Rang hat als die auf Grund einer bereits erlassenen Verfassung gewählten Legislative:

„Eine verfassunggebende Versammlung hat einen höheren Rang als die auf Grund der erlassenen Verfassung gewählte Volksvertretung. Sie ist im Besitz des pouvoir constituant. Mit dieser besonderen Stellung ist unverträglich, dass ihr von außen Beschränkungen auferlegt werden. [...] Ihre Unabhängigkeit bei der Erfüllung dieses Auftrages besteht nicht nur hinsichtlich der Entscheidung über den Inhalt der künftigen Verfassung, sondern auch hinsichtlich des Verfahrens, in dem die Verfassung erarbeitet wird."[67]

Ihre Mitglieder sollten durch das Volk gewählt werden. Eine verfassunggebende Versammlung wird einberufen, um die Verfassung der Bundesrepublik Deutschland und die Gesetze zu schaffen, die notwendig sind, damit der Staat durch seine Verfassungsorgane

---

[67]Urteil des Bundesverfassungsgerichtes vom 23. Oktober 1951, II. Senat, Leitsatz 21 und 21c

wirksam handeln und funktionieren kann. Mit der Annahme einer Verfassung durch das Volk und ihrer Verkündung entsteht die neue *verfasste Staatsgewalt*. Die Verfassunggebende Versammlung hat damit ihre Arbeit getan und löst sich nach den Wahlen zu den neuen „Gewalten" selbst auf. Durch das Inkrafttreten der Verfassung ist der Auftrag des Verfassungs-Konventes beendet, d. h. seine Funktion ist nur temporär.

Der nach der Deutschen Einheit 1990 neu gefasste Artikel 146 des GG lautet nun:

„Dieses Grundgesetz, *das nach Vollendung der Einheit und Freiheit Deutschlands für das gesamte deutsche Volk gilt*, verliert seine Gültigkeit an dem Tage, an dem eine Verfassung in Kraft tritt, die von dem deutschen Volke in freier Entscheidung beschlossen worden ist." (der kursive Textteil wurde 1990 eingefügt.)

Das Tor, auf rechtsstaatlichem Wege eine bundesdeutsche Verfassunggebende Versammlung einberufen zu können, bleibt also geöffnet. Dabei ist allerdings zu beachten, dass im Grundgesetz der Bundesrepublik Deutschland ein besonderes Verfassungsveränderungsverbot verankert ist, die sogenannte Ewigkeitsklausel. Inwieweit auch eine zukünftige bundesdeutsche Verfassunggebende Versammlung nach Art. 146 GG an die noch weiterreichenden Beschränkungen dieses Art. 79 Abs. 3 GG gebunden wäre – wie z. B. an die Ewigkeitsgarantie für den föderalen Staatsaufbau Deutschlands–, ist unter Verfassungsrechtlern umstritten.

Die Herausgeber selbst vertreten hier die Überzeugung, dass eine «Ewigkeitsklausel» im Grundgesetz nur solange Bestand haben kann, wie das Grundgesetz selbst existiert. Da dieses als Folge des Art.146 selbst aber keinen Ewigkeitsbestand besitzt, da es ja durch eine Verfassung «vom Volk in freier Bestimmung abgelöst» werden kann, gilt das selbstverständlich und nach den Gesetzen stringenter Logik natürlich auch für seinen Inhalt. Gerade das bedeutet ja «frei», dass das Volk selbst darüber befinden darf und soll, wie Inhalt und Form des Rechtsrahmens für die Verfassungsgemeinschaft aussehen.

Die Europäische Union ist nach Definition des Bundesverfassungsgerichts ein Staatenverbund, dessen Legitimitätsgrundlage sich nicht auf ein europäisches Staatsvolk, sondern auf den vertraglich gebildeten Gesamtwillen ihrer souveränen Mitgliedsstaaten stützt:

„(Leitsatz 8) Der Unionsvertrag begründet einen Staatenverbund zur Verwirklichung einer immer engeren Union der – staatlich organisierten – Völker Europas, keinen sich auf ein europäisches Staatsvolk stützenden Staat.

(Leitsatz 3a) Mithin erfolgt demokratische Legitimation durch die Rückkopplung des Handelns europäischer Organe an die Parlamente der Mitgliedstaaten; hinzu tritt – im Maße des Zusammenwachsens der europäischen Nationen zunehmend – innerhalb des institutionellen Gefüges der Europäischen Union die Vermittlung demokratischer Legitimation durch das von den Bürgern der Mitgliedstaaten gewählte Europäische Parlament." (BVerfGE 89, 155 – Maastricht, Leitsätze 8 und 3a)

Der Europäische Konvent, zu Unrecht manchmal *Verfassungskonvent* genannt, erarbeitete im Auftrag des Europäischen Rates, also der nationalen EU-Regierungen, eine Charta der Grundrechte der Europäischen Union und den Entwurf eines Verfassungsvertrages für Europa. Dabei berief er sich in keinem Moment auf die etwaige verfassunggebende Gewalt eines *europäischen Unionsvolkes*, was *wahrhaft ein revolutionärer Akt* gewesen wäre. Das Projekt des EU-Verfassungsvertrages scheiterte an den ablehnenden nationalen Referenden in Frankreich und in den Niederlanden im Jahre 2005. In diesem Zusammenhang muss auf das Demokratiedefizit der EU hingewiesen und die Forderung - anstelle einzelner nationaler Ratifikationen - eine gesamteuropäische Entscheidung über die Unionsverfassung durch ein *unionsweiten Referendum* durch das *Unionsvolk erhoben werden*.

Erst ein Paradigmenwechsel, ein Austausch der Legitimationsgrundlage, würde ermöglichen statt eines Vertrages, eine europäische Verfassung zu verabschieden.

Am 13. Dezember 2007 unterzeichneten die Mitglieder des Europäischen Rates den Vertrag von Lissabon, welcher in weiten Teilen auf dem abgelehnten EU-Verfassungsvertrag aufbaut. Was die Form anbetrifft, so handelt es sich nicht um einen Verfassungsvertrag, sondern um einen Reformvertrag. Er reformiert den Vertrag über die Europäische Union und den Vertrag zur Gründung der Europäischen Gemeinschaft. Zur Ratifizierung dieses EU-Reformvertrags waren weder nationale Volksabstimmungen noch ein europaweites Referendum vorgesehen. Diesen „Job" haben die nationalen Parlamente der Mitgliedsstaaten bis Mitte 2009 „erledigt".

Dies ist eine Perpetuierung des Demokratiedefizits der EU und der Abkopplung ihrer politischen Machteliten von der Nähe zum Volk, dem eigentlichen und verfassten Souverän der Demokratie.

– „Bürger-Konvent"

Zur Initiierung des geplanten „Bürger-Konventes" bedarf es der Bildung von Bürgerinitiativen in den 299 Wahlkreisen: Wahlkreis 001: Flensburg-Schleswig – Wahlkreis 002: Nordfriesland-Dithmarschen Nord – Wahlkreis 003: Steinburg-Dithmarschen Süd – Wahlkreis 004: Rendsburg-Eckernförde – Wahlkreis 005: Kiel – Wahlkreis 006: Plön-Neumünster – Wahlkreis 007: Pinneberg – Wahlkreis 008: Segeberg-Stormarn-Mitte – Wahlkreis 009: Ostholstein-Stormarn-Nord – Wahlkreis 010: Herzogtum Lauenburg-Stormarn-Süd – Wahlkreis 011: Lübeck – Wahlkreis 012: Schwerin-Ludwigslust-Parchim I-Nordwestmecklenburg I – Wahlkreis 013: Ludwigslust-Parchim II-Nordwestmecklenburg II-Landkreis Rostock I – Wahlkreis 014: Rostock-Landkreis Rostock II – Wahlkreis 015: Vorpommern-Rügen-Vorpommern-Greifswald I – Wahlkreis 016: Mecklenburgische Seenplatte I-Vorpommern-Greifswald II – Wahlkreis 017: Mecklenburgische Seenplatte II-Landkreis Rostock III – Wahlkreis 018: Hamburg-Mitte – Wahlkreis 019: Hamburg-Altona – Wahlkreis 020: Hamburg-Eimsbüttel – Wahlkreis 021: Hamburg-Nord – Wahlkreis 022: Hamburg-Wandsbek – Wahlkreis 023: Hamburg-Bergedorf-Harburg – Wahlkreis 024: Aurich-Emden – Wahlkreis

025: Unterems – Wahlkreis 026: Friesland-Wilhelmshaven – Wittmund – Wahlkreis 027: Oldenburg-Ammerland – Wahlkreis 028: Delmenhorst-Wesermarsch-Oldenburg-Land – Wahlkreis 029: Cuxhaven-Stade II – Wahlkreis 030: Stade I-Rotenburg II – Wahlkreis 031: Mittelems – Wahlkreis 032: Cloppenburg-Vechta – Wahlkreis 033: Diepholz-Nienburg I – Wahlkreis 034: Osterholz-Verden – Wahlkreis 035: Rotenburg I-Heidekreis – Wahlkreis 036: Harburg – Wahlkreis 037: Lüchow-Dannenberg-Lüneburg – Wahlkreis 038: Osnabrück-Land – Wahlkreis 039: Stadt Osnabrück – Wahlkreis 040: Nienburg II-Schaumburg – Wahlkreis 041: Stadt Hannover I – Wahlkreis 042: Stadt Hannover II – Wahlkreis 043: Hannover-Land I – Wahlkreis 044: Celle-Uelzen – Wahlkreis 045: Gifhorn-Peine – Wahlkreis 046: Hameln-Pyrmont-Holzminden – Wahlkreis 047: Hannover-Land II – Wahlkreis 048: Hildesheim – Wahlkreis 049: Salzgitter-Wolfenbüttel – Wahlkreis 050: Braunschweig – Wahlkreis 051: Helmstedt-Wolfsburg – Wahlkreis 052: Goslar-Northeim-Osterode – Wahlkreis 053: Göttingen – Wahlkreis 054: Bremen I – Wahlkreis 055: Bremen II-Bremerhaven – Wahlkreis 056: Prignitz-Ost-prignitz-Ruppin-Havelland I – Wahlkreis 057: Uckermark-Barnim I – Wahlkreis 058: Oberhavel-Havelland II – Wahlkreis 059: Märkisch-Oderland-Barnim II – Wahlkreis 060: Brandenburg an der Havel-Potsdam-Mittelmark I-Havelland III-Teltow-Fläming I – Wahlkreis 061: Potsdam-Potsdam-Mittelmark II-Teltow-Fläming II – Wahlkreis 062: Dahme-Spreewald-Teltow-Fläming III-Oberspreewald-Lausitz I – Wahlkreis 063: Frankfurt (Oder)-Oder-Spree – Wahlkreis 064: Cottbus-Spree-Neiße – Wahlkreis 065: Elbe-Elster-Oberspreewald-Lausitz II – Wahlkreis 066: Altmark – Wahlkreis 067: Börde-Jerichower Land – Wahlkreis 068: Harz – Wahlkreis 069: Magdeburg – Wahlkreis 070: Dessau-Wittenberg – Wahlkreis 071: Anhalt – Wahlkreis 072: Halle – Wahlkreis 073: Burgenland-Saalekreis – Wahlkreis 074: Mansfeld – Wahlkreis 075: Berlin-Mitte – Wahlkreis 076: Berlin-Pankow – Wahlkreis 077: Berlin-Reinickendorf – Wahlkreis 078: Berlin-Spandau – Charlottenburg Nord – Wahlkreis 079: Berlin-Steglitz-Zehlendorf – Wahlkreis 080: Berlin-Charlottenburg-Wilmersdorf – Wahlkreis 081: Berlin-Tempelhof-Schöneberg – Wahlkreis 082: Berlin-Neukölln – Wahlkreis 083: Berlin-Friedrichshain-Kreuzberg-

Prenzlauer Berg Ost – Wahlkreis 084: Berlin-Treptow-Köpenick – Wahlkreis 085: Berlin-Marzahn-Hellersdorf – Wahlkreis 086: Berlin-Lichtenberg – Wahlkreis 087: Aachen I – Wahlkreis 088: Aachen II – Wahlkreis 089: Heinsberg – Wahlkreis 090: Düren – Wahlkreis 091: Rhein-Erft-Kreis I – Wahlkreis 092: Euskirchen-Rhein-Erft-Kreis II – Wahlkreis 093: Köln I – Wahlkreis 094: Köln II – Wahlkreis 095: Köln III – Wahlkreis 096: Bonn – Wahlkreis 097: Rhein-Sieg-Kreis I – Wahlkreis 098: Rhein-Sieg-Kreis II – Wahlkreis 099: Oberbergischer Kreis – Wahlkreis 100: Rheinisch-Bergischer Kreis – Wahlkreis 101: Leverkusen-Köln IV – Wahlkreis 102: Wuppertal I – Wahlkreis 103: Solingen-Remscheid-Wuppertal II – Wahlkreis 104: Mettmann I – Wahlkreis 105: Mettmann II – Wahlkreis 106: Düsseldorf I – Wahlkreis 107: Düsseldorf II – Wahlkreis 108: Neuss I – Wahlkreis 109: Mönchengladbach – Wahlkreis 110: Krefeld I-Neuss II – Wahlkreis 111: Viersen – Wahlkreis 112: Kleve – Wahlkreis 113: Wesel I – Wahlkreis 114: Krefeld II-Wesel II – Wahlkreis 115: Duisburg I – Wahlkreis 116: Duisburg II – Wahlkreis 117: Oberhausen-Wesel III – Wahlkreis 118: Mülheim-Essen I – Wahlkreis 119: Essen II – Wahlkreis 120: Essen III – Wahlkreis 121: Recklinghausen I – Wahlkreis 122: Recklinghausen II – Wahlkreis 123: Gelsenkirchen – Wahlkreis 124: Steinfurt I-Borken I – Wahlkreis 125: Bottrop-Recklinghausen III – Wahlkreis 126: Borken II – Wahlkreis 127: Coesfeld-Steinfurt II – Wahlkreis 128: Steinfurt III – Wahlkreis 129: Münster – Wahlkreis 130: Warendorf – Wahlkreis 131: Gütersloh I – Wahlkreis 132: Bielefeld-Gütersloh II – Wahlkreis 133: Herford-Minden-Lübbecke II – Wahlkreis 134: Minden-Lübbecke I – Wahlkreis 135: Lippe I – Wahlkreis 136: Höxter-Lippe II – Wahlkreis 137: Paderborn-Gütersloh III – Wahlkreis 138: Hagen-Ennepe-Ruhr-Kreis I – Wahlkreis 139: Ennepe-Ruhr-Kreis II – Wahlkreis 140: Bochum I – Wahlkreis 141: Herne-Bochum II – Wahlkreis 142: Dortmund I – Wahlkreis 143: Dortmund II – Wahlkreis 144: Unna I – Wahlkreis 145: Hamm-Unna II – Wahlkreis 146: Soest – Wahlkreis 147: Hochsauerlandkreis – Wahlkreis 148: Siegen-Wittgenstein – Wahlkreis 149: Olpe-Märkischer Kreis I – Wahlkreis 150: Märkischer Kreis II – Wahlkreis 151: Nordsachsen – Wahlkreis 152: Leipzig I – Wahlkreis 153: Leipzig II – Wahlkreis 154: Leipzig Land – Wahlkreis 155: Meißen – Wahlkreis

156: Bautzen I – Wahlkreis 157: Görlitz – Wahlkreis 158: Sächsische Schweiz-Osterzgebirge – Wahlkreis 159: Dresden I – Wahlkreis 160: Dresden II-Bautzen II – Wahlkreis 161: Mittelsachsen – Wahlkreis 162: Chemnitz – Wahlkreis 163: Chemnitzer Umland-Erzgebirgs-kreis II – Wahlkreis 164: Erzgebirgskreis I – Wahlkreis 165: Zwickau – Wahlkreis 166: Vogtlandkreis – Wahlkreis 167: Waldeck – Wahl-kreis 168: Kassel – Wahlkreis 169: Werra-Meißner-Hersfeld-Roten-burg – Wahlkreis 170: Schwalm-Eder – Wahlkreis 171: Marburg – Wahlkreis 172: Lahn-Dill – Wahlkreis 173: Gießen – Wahlkreis 174: Fulda – Wahlkreis 175: Main-Kinzig-Wetterau II-Schotten – Wahl-kreis 176: Hochtaunus – Wahlkreis 177: Wetterau I – Wahlkreis 178: Rheingau-Taunus-Limburg – Wahlkreis 179: Wiesbaden – Wahl-kreis 180: Hanau – Wahlkreis 181: Main-Taunus – Wahlkreis 182: Frankfurt am Main I – Wahlkreis 183: Frankfurt am Main II – Wahl-kreis 184: Groß-Gerau – Wahlkreis 185: Offenbach – Wahlkreis 186: Darmstadt – Wahlkreis 187: Odenwald – Wahlkreis 188: Bergstraße – Wahlkreis 189: Eichsfeld-Nordhausen-Unstrut-Hainich-Kreis I – Wahlkreis 190: Eisenach-Wartburgkreis-Unstrut-Hainich-Kreis II – Wahlkreis 191: Kyffhäuserkreis-Sömmerda-Weimarer Land I – Wahlkreis 192: Gotha-Ilm-Kreis – Wahlkreis 193: Erfurt-Weimar-Weimarer Land II – Wahlkreis 194: Gera-Jena-Saale-Holzland-Kreis – Wahlkreis 195: Greiz-Altenburger Land – Wahlkreis 196: Sonne-berg-Saalfeld-Rudolstadt-Saale-Orla-Kreis – Wahlkreis 197: Suhl-Schmalkalden-Meiningen-Hildburghausen – Wahlkreis 198: Neu-wied – Wahlkreis 199: Ahrweiler – Wahlkreis 200: Koblenz – Wahl-kreis 201: Mosel/Rhein-Hunsrück – Wahlkreis 202: Kreuznach – Wahlkreis 203: Bitburg – Wahlkreis 204: Trier – Wahlkreis 205: Mon-tabaur – Wahlkreis 206: Mainz – Wahlkreis 207: Worms – Wahlkreis 208: Ludwigshafen/Frankenthal – Wahlkreis 209: Neustadt-Speyer – Wahlkreis 210: Kaiserslautern – Wahlkreis 211: Pirmasens – Wahlkreis 212: Südpfalz – Wahlkreis 213: Altötting - Wahlkreis 214: Erding-Ebersberg – Wahlkreis 215: Freising – Wahlkreis 216: Fürs-tenfeldbruck – Wahlkreis 217: Ingolstadt – Wahlkreis 218: München-Nord – Wahlkreis 219: München-Ost – Wahlkreis 220: München-Süd – Wahlkreis 221: München-West/Mitte – Wahlkreis 222: München-Land – Wahlkreis 223: Rosenheim – Wahlkreis 224: Starnberg –

Wahlkreis 225: Traunstein – Wahlkreis 226: Weilheim – Wahlkreis 227: Deggendorf – Wahlkreis 228: Landshut – Wahlkreis 229: Passau – Wahlkreis 230: Rottal-Inn – Wahlkreis 231: Straubing – Wahlkreis 232: Amberg – Wahlkreis 233: Regensburg – Wahlkreis 234: Schwandorf – Wahlkreis 235: Weiden – Wahlkreis 236: Bamberg – Wahlkreis 237: Bayreuth – Wahlkreis 238: Coburg – Wahlkreis 239: Hof – Wahlkreis 240: Kulmbach – Wahlkreis 241: Ansbach – Wahlkreis 242: Erlangen – Wahlkreis 243: Fürth – Wahlkreis 244: Nürnberg-Nord – Wahlkreis 245: Nürnberg-Süd – Wahlkreis 246: Roth – Wahlkreis 247: Aschaffenburg – Wahlkreis 248: Bad Kissingen – Wahlkreis 249: Main-Spessart – Wahlkreis 250: Schweinfurt – Wahlkreis 251: Würzburg – Wahlkreis 252: Augsburg-Stadt – Wahlkreis 253: Augsburg-Land – Wahlkreis 254: Donau-Ries – Wahlkreis 255: Neu-Ulm – Wahlkreis 256: Oberallgäu – Wahlkreis 257: Ostallgäu – Wahlkreis 258: Stuttgart I – Wahlkreis 259: Stuttgart II – Wahlkreis 260: Böblingen – Wahlkreis 261: Esslingen – Wahlkreis 262: Nürtingen – Wahlkreis 263: Göppingen – Wahlkreis 264: Waiblingen – Wahlkreis 265: Ludwigsburg – Wahlkreis 266: Neckar-Zaber – Wahlkreis 267: Heilbronn – Wahlkreis 268: Schwäbisch Hall-Hohenlohe – Wahlkreis 269: Backnang-Schwäbisch Gmünd – Wahlkreis 270: Aalen-Heidenheim – Wahlkreis 271: Karlsruhe-Stadt – Wahlkreis 272: Karlsruhe-Land – Wahlkreis 273: Rastatt – Wahlkreis 274: Heidelberg – Wahlkreis 275: Mannheim – Wahlkreis 276: Odenwald-Tauber – Wahlkreis 277: Rhein-Neckar – Wahlkreis 278: Bruchsal-Schwetzingen – Wahlkreis 279: Pforzheim – Wahlkreis 280: Calw – Wahlkreis 281: Freiburg – Wahlkreis 282: Lörrach-Müllheim – Wahlkreis 283: Emmendingen-Lahr- Wahlkreis 284: Offenburg – Wahlkreis 285: Rottweil-Tuttlingen – Wahlkreis 286: Schwarzwald-Baar – Wahlkreis 287: Konstanz – Wahlkreis 288: Waldshut – Wahlkreis 289: Reutlingen – Wahlkreis 290: Tübingen – Wahlkreis 291: Ulm – Wahlkreis 292: Biberach – Wahlkreis 293: Bodensee – Wahlkreis 294: Ravensburg – Wahlkreis 295: Zollernalb-Sigmaringen – Wahlkreis 296: Saarbrücken – Wahlkreis 297: Saarlouis – Wahlkreis 298: St. Wendel – Wahlkreis 299: Homburg

Alle Bürgerinnen und Bürger werden aufgefordert, in ihrem jeweiligen Wahlkreis eine Bürgerinitiative zu bilden; es wird voraussichtlich eine Reihe von regionalen Initiativen geben, die sich dann auf Wahlkreisebene koordinieren müssen. Diese Bürgerinitiative ruft dann zur Nominierung von Kandidatinnen und Kandidaten auf. Es können sich aber selbstverständlich auch Einzelkandidaten bewerben. Am Stichtag wird zu einer „Volksversammlung" aufgerufen, in der die Kandidaten/innen sich vorstellen und anschließend in einer geheimen Wahl die Person bestimmt wird, die den Wahlkreis im zivilgesellschaftlichen Bürger-Konvent vertreten soll.

Eine schwierige Fragestellung wird dabei sein, wie der Wunsch nach demokratischer Ausgewogenheit in Form einer repräsentativen Darstellung des Volkes (keine Überrepräsentation von Parteien oder Machteliten) mit entsprechender Kompetenz der Kandidaten am besten abgeglichen werden kann (s. hierzu näher auch S.76).

– Willensbildung im Internet: „Liquid Democracy"[68]

Unter „Liquid Democracy" versteht man eine Mischform zwischen indirekter und direkter Demokratie. Während bei indirekter Demokratie ein Delegierter zur Vertretung der eigenen Interessen bestimmt wird und bei direkter Demokratie alle Interessen selbst wahrgenommen werden müssen, ergibt sich bei *Liquid* Democracy ein *fließender* Übergang zwischen direkter und indirekter Demokratie. Jeder Teilnehmer kann selbst entscheiden, wie weit er seine eigenen Interessen wahrnehmen will, oder wie weit er von Anderen vertreten werden möchte. Insbesondere kann der Delegat jederzeit sein dem Delegierten übertragenes Stimmrecht zurückfordern, und muss hierzu nicht bis zu einer neuen Wahlperiode warten. Es ergibt sich somit ein ständig im Fluss befindliches Netzwerk von Delegationen.

---

[68]Text von der Piraten Partei

Es ist wichtig, zwischen den Anwendungsfällen

- Liquid Democracy in der Gesamtgesellschaft
- Liquid Democracy innerhalb von Organisationen
  (z. B. der Piratenpartei)

zu unterscheiden.

Unabhängig von einem Einsatz der Konzepte der Liquid Democracy innerhalb der Piratenpartei, gibt es auch die Idee, das Parteiensystem durch eine Liquid Democracy abzulösen. Somit könnte der eigentliche Anspruch der Demokratie verwirklicht werden: Demokratie bedeutet, zu jeder Zeit gezielt zu einzelnen Themen verbindlich Stellung beziehen zu können und nicht nur alle vier Jahre die Wahl zwischen Parteien mit unverbindlichen Parteiprogrammen zu haben. Im Informationszeitalter haben sich die Voraussetzungen so verändert, dass demokratischer Diskurs auch in großen Gesellschaften potentiell möglich ist.

Jeder Teilnehmer kann zu jedem Zeitpunkt für sich selbst entscheiden, wo auf dem *Kontinuum zwischen repräsentativer und direkter Demokratie* er sich aufhalten möchte. Jederzeit. Das bedeutet, dass ich als Teilnehmer beispielsweise sagen kann:

*„Für Steuerrecht möchte ich gerne durch die **Partei** SPD, für Umweltpolitik durch die **Partei** die Grünen und für die Schulpolitik durch die **Privatperson** Herrn Müller vertreten werden. Für die Entscheidung über das neue Hochschul-Zulassungsgesetz an den Universitäten möchte ich aber **selbst** abstimmen."*

Dieses Mix-Prinzip ist entscheidend, da man sich nicht mehr für ein Bündel von Prinzipien entscheiden muss, wie es beispielsweise eine Partei bietet, sondern man sich je nach Thema die Experten aussuchen kann, denen man vertraut – oder selbst entscheiden kann. Essentiell dabei ist auch, dass man diese „Stimmvergabeentscheidung" jederzeit ändern kann und sein Stimmgewicht umverteilen kann.

Ziel

- eine Plattform zu schaffen, die Mechanismen enthält, um die „Weisheit der Vielen" anzuzapfen.

- Oder: ein selbstregulierendes politisches System.

- Dabei soll die Argumentation in den Mittelpunkt gestellt werden, damit fruchtbare Diskussionen entstehen. Die Architektur des Systems sollte darauf abzielen, sachlichen Argumentationen den Vorrang zu geben.

– Permanente Information und Diskussion per Internet („Crowdsourcing")

Man kann die Menschen via Internet ganz direkt fragen, was sie für richtig halten. Und welche Entscheidungen sie möchten. Auch bei einer Wahl fragt man ja die Menschen, was – bzw. welche Partei und deren Programm – sie für das Beste für ihr Land halten. Auch in Volksabstimmungen werden die Menschen zu ganz konkreten Themen befragt, was sie für die bessere Variante halten. Warum diese „Befragungen" und die damit im Vorfeld einhergehende Meinungsbildung – *Die man auf keinen Fall unterschätzen sollte!* – also nicht ins Internet verlagern. Dort können die Menschen die Zeit für ihre Antworten weitgehend selbst bestimmen und können sich parallel informieren. Und können zeit- und ortsungebunden sich einbringen. Argumente können ausgetauscht, Analysen eingebracht, Vorschläge verbessert und verfeinert werden.

Das nennt man dann Crowdsourcing. Doch dafür ist es notwendig, dass alle Menschen ins Internet kommen. Und dass sie die Verwendung von Crowdsourcing-Mechanismen bei der Meinungsbildung und der anschließenden Meinungsfindung auch akzeptieren. Wenn nur 50 % der wahlberechtigten Bevölkerung das Internet auch nutzen, wäre ein solches Vorgehen undemokratisch.

Doch in Island ging man diesen Schritt bereits im Jahr 2011. Gezwungen durch den immensen Vertrauensverlust in die Parteien und die führenden Politiker, die ihr Land gemeinsam mit den Banken in den Bankrott geführt haben. Man wollte man neue Wege finden, um Vertrauen zurück zu gewinnen. Man wollte versuchen dem Bürger besser zuzuhören. Ihm die Möglichkeit geben, sich zu äußern und aktives Mitglied der Meinungsbildung zu sein. Dafür bietet sich das Social Web und die intelligente Nutzung von Crowdsourcing-Mechanismen ideal an.

In Island ging man erstmals diesen Weg. Mit Hilfe von Crowdsourcing-Mechanismen entstand eine Verfassung. Das Social Web wird genutzt, um politische Meinungsbildung und Entscheidungsfindung zu betreiben. Leider ist dann der Entwurf durch das isländische Parlament abgelehnt worden.

Diese so genannte „Crowdsourcing"- Verfassung, wie sie von Journalisten bezeichnet wurde, muss am Ende vom Parlament verabschiedet werden. Das Parlament hat das letzte Wort bei Verfassungsänderungen. So sieht es die geltende Verfassung vor.

– Organisation einer Basis-Finanzierung des Projektes („Crowdfunding")

Crowdfunding ist der Überbegriff für die Finanzierung von Vorhaben durch das Einsammeln von kleineren Geldbeträgen, die durch viele Leute (die „Crowd") erbracht werden. Mit dem Bedarf und dem vielseitigen Einsatz dieser Finanzierungsform haben sich einige Unterkategorien des Begriffsmodells Crowdfunding entwickelt. Diese Crowdfunding-Arten unterscheiden sich im Wesentlichen durch unterschiedliche Vergütungen, die der Geldgeber im Gegenzug erhält.

Unser Vorhaben zur Schaffung eines „Zivilgesellschaftlichen Bürger-Konventes" bedingt nicht nur

- eine umfangreich öffentliche Information,

- den Aufbau eines bundesweiten Netzwerkes der Bürger-initiativen in jedem der 299 Wahlkreise,

- die Finanzierung der notwendigen (operativen) Internet-seiten und schließlich

- die Organisation des 1. Treffens (beispielsweise auf „Her-renchiemsee" – angedacht für 2019 – 70 Jahre Grundge-setz), um über die grundlegenden Gesetzesvorlagen für den Deutschen Bundestag zu entscheiden; d. h. wir benö-tigen umfangreiche Ressourcen – konkret: mehrere Hun-derttausend Euro!

Da dieses Vorhaben keinerlei Unterstützung durch die vorhan-denen politischen Strukturen und Institutionen erfahren soll (und selbstverständlich auch nicht wird!), sind wir auf die Fi-nanzierung durch das „Volk" angewiesen!

Wie funktioniert „Crowdfunding – am Beispiel „Leetchi.com" und „betterplace.org"

Starten Sie kostenlos eine private Spendenaktion, Ihr persönli-ches Crowdfunding oder sammeln Sie Geld für die Umsetzung Ihrer Idee oder Ihres Herzenswunsches: Gruppengeschenke, Projekte, Spenden, Abschiede, Feiern, Reisen... – mit Leetchi sammeln Sie Geld sicher, einfach und transparent. So funktioniert's:

1. Erstellen Sie kostenlos und in wenigen Klicks einen Pool auf Leetchi.

2. Laden Sie Teilnehmer per E-Mail, SMS oder Facebook ein oder teilen Sie den Link mit Ihrem gesamten Netzwerk.

3. Die Teilnehmer beteiligen sich am Pool via Sofort-Überwei-sung, Bankeinzug, Giropay, Visa- oder Mastercard.

4. Übertragen Sie den gesammelten Betrag auf ein Konto oder geben Sie ihn kostenlos in einem unserer Partnershops aus. „betterplace.org": Grundsätzlich darf jeder ein Projekt anlegen, solange er damit eindeutig „die Welt verbessern will" – sprich das geplante Projekt einen sozialen Zweck verfolgt und über die eigenen Bedürfnisse hinausgeht.

Es gibt jedoch einen Unterschied zwischen Projekten, die privat oder von einer in Deutschland nicht als gemeinnützig anerkannten Organisation getragen werden, und Projekten von gemeinnützigen Vereinen. Der Hauptunterschied liegt darin, dass wir für gemeinnützige Organisationen Spendenquittungen ausstellen können und sie daher bei der Spendensumme, die sie maximal über betterplace.org sammeln können, keinem Limit unterliegen. Alle anderen Projekte bzw. Organisationen dürfen sich pro Quartal maximal 2.500€ über betterplace.org auszahlen lassen und deshalb keine Bedarfe einstellen, die diesen Wert übersteigen.

– Treffen (z. B. auf der Insel „Herrenchiemsee" – 2019) des zivilgesellschaftlichen Bürger-Konventes zur Diskussion sowie Entscheidung über grundlegende Gesetzesvorlagen für den Deutschen Bundestag:

– „Volksentscheid auf Bundesebene" (z. B. die Vorlage von „Mehr Demokratie e.V.")[69] hier einige Auszüge:

Gesetzentwurf über das Verfahren bei Volksinitiative, Volksbegehren, Volksentscheid (Bundesabstimmungsgesetz)

Abschnitt 1: Allgemeine Bestimmungen

§ 1 Beteiligungs- und Stimmrecht

---

[69] „Entwurf eines Gesetzes zur Einführung von Volksinitiativen, Volksbegehren und Volksentscheid" (Stand: 22.05.2012)

(1) Beteiligungsberechtigt an Volksinitiative und Volksbegehren ist, wer am Tag der Eintragung, am Volksentscheid, wer am Tag der Abstimmung das Wahlrecht zum Bundestag besitzt.

§ 2 Anwendung der Vorschriften des Bundeswahlgesetzes

(1) Die Vorschriften des Bundeswahlgesetzes über

1. die Einteilung der Wahlkreise in Wahlbezirke,

2. die Bildung und Tätigkeit der Wahlorgane,

3. Wahlrecht und Wählbarkeit,

4. die Öffentlichkeit der Wahlhandlung und unzulässige Wahlpropaganda,

5. die Aufstellung, Führung und Auslegung der Wählerverzeichnisse und Erteilung von Wahlscheinen,

6. die Stimmzettel,

7. die Wahrung des Wahlgeheimnisses,

8. die Briefwahl,

9. die Anfechtung von Entscheidungen und Maßnahmen im Wahlverfahren sind entsprechend anzuwenden.

Abschnitt 2: Die Volksinitiative

§ 3 Volksinitiative

(1) Einhunderttausend Stimmberechtigte haben das Recht, den Bundestag im Rahmen einer Volksinitiative gemäß Artikel 78a Absatz 1 des Grundgesetzes mit Gesetzesvorlagen sowie mit bestimmten Gegenständen der politischen Willensbildung zu befassen.

(2) Eine Volksinitiative ist mit Begründung dem Präsidenten oder der Präsidentin des

Bundestages schriftlich einzureichen.

(3) Die Unterschriften für eine Volksinitiative werden frei gesammelt. Eine Unterzeichnung kann abweichend hiervon auch im Wege der

elektronischen Datenübermittlung erfolgen, wenn sie mit einer elektronischen Signatur versehen ist, die den Anforderungen des Signaturgesetzes vom 16. Mai 2001 (BGBl. I S. 876), das durch Artikel 4 Absatz 111 des Gesetzes vom 7. August 2013 (BGBl. I S. 3154) geändert worden ist, in der jeweils geltenden Fassung entspricht (elektronischer Ersatz der Unterschrift). Das Nähere wird in der Bundesabstimmungsordnung geregelt.

(4) Das Beteiligungsrecht der Unterzeichnenden der Volksinitiative ist bei der Einreichung nachzuweisen. Bei der Sammlung der Unterschriften ist so zu verfahren, dass sich auf einer Liste nur Unterzeichnende derselben Gemeinde eintragen. Die Gemeinden sind verpflichtet, anhand der ihnen von der Volksinitiative zugestellten Unterschriftenlisten innerhalb eines Monats das Beteiligungsrecht der Unterzeichnenden zu überprüfen und die mit dem Nachweis des Beteiligungsrechts versehenen Unterschriftenlisten an die Vertrauensleute der Volksinitiative zurückzureichen.

§ 4 Behandlung der Volksinitiative

(1) Der Präsident oder die Präsidentin des Bundestages entscheidet innerhalb eines Monats nach Einreichung der Volksinitiative über das Zustandekommen. Wird die Volksinitiative für zustande gekommen erklärt, überweist der Präsident oder die Präsidentin diese zur Behandlung an den Bundesrat und an den zuständigen Fachausschuss des Bundestages. Der Präsident oder die Präsidentin holt eine Stellungnahme anderer Fachausschüsse ein, wenn die Volksinitiative einen Gegenstand der Beratung in diesen Fachausschüssen betrifft.

(2) Die Vertrauensleute der Volksinitiative sowie von ihnen benannte Personen haben das Recht auf Anhörung im Plenum des Bundestages, des Bundesrates und in den federführenden Ausschüssen.

(3) Der Bundestag teilt den Vertrauensleuten innerhalb von sechs Monaten nach Zustandekommen der Volksinitiative das Ergebnis der parlamentarischen Behandlung mit. Die Mitteilung ist mit Gründen zu versehen

(3) Der Bundestag teilt den Vertrauensleuten innerhalb von sechs Monaten nach Zustandekommen der Volksinitiative das Ergebnis der parlamentarischen Behandlung mit. Die Mitteilung ist mit Gründen zu versehen.

Abschnitt 3: Das Volksbegehren

§ 5 Antrag auf Durchführung eines Volksbegehrens

(1) Die Durchführung eines Volksbegehrens kann von den Vertrauensleuten binnen 18 Monaten nach der abschließenden Behandlung der Volksinitiative durch den Bundestag beantragt werden. Der Antrag auf Durchführung eines Volksbegehrens ist schriftlich beim Präsidenten oder der Präsidentin des Bundestages einzureichen. Der Präsident oder die Präsidentin leitet den Antrag an die Bundesregierung und an die Mitglieder des Bundestages weiter.

(2) Der Präsident oder die Präsidentin des Bundestages teilt den Vertrauensleuten innerhalb eines Monats nach Antragseingang mit, dass das Volksbegehren zugelassen ist. Wenn die Bundesregierung oder ein Drittel der Mitglieder des Bundestages das Volksbegehren für unzulässig halten, können diese beim Bundesverfassungsgericht eine Entscheidung über die Zulässigkeit des Volksbegehrens innerhalb eines Monats nach Antragseingang herbeiführen. Auch hierüber informiert der Präsident oder die Präsidentin des Bundestages die Vertrauensleute.

§ 6 Überarbeitung und Änderbarkeit der Vorlage eines Volksbegehrens

(1) Die Vertrauensleute können die Vorlage bis zwei Wochen vor der Bekanntmachung des Volksbegehrens nach § 8 ändern oder die Rücknahme des Antrags erklären. Die Vertrauensleute sind dabei an die Bestimmungen in § 19 gebunden.

(2) Wenn die Vertrauensleute die Volksinitiative vor Einreichung der Vorlage als Volksbegehren überarbeiten wollen, können sie dazu unentgeltlich die Wissenschaftlichen Dienste des Bundestages in Anspruch nehmen.

(3) Ab dem Zeitpunkt der Bekanntmachung des Volksbegehrens sind lediglich rein redaktionelle Korrekturen oder Anpassungen an eine veränderte Rechtslage, die nach der Bekanntmachung zum Volksbegehren eintraten, möglich.

§ 7 Präventive Normenkontrolle

(1) Über einen Antrag nach § 5 (2) Satz 2 entscheidet das Bundesverfassungsgericht innerhalb von sechs Monaten.

(2) Erklärt das Bundesverfassungsgericht Teile der Vorlage des Volksbegehrens für unzulässig, so wird den Vertrauensleuten innerhalb von drei Monaten Gelegenheit gegeben, die unzulässigen Teile zu streichen oder Änderungsvorschläge des Bundesverfassungsgerichts aufzugreifen. Das Volksbegehren wird dann mit den zulässigen Bestandteilen der Vorlage durchgeführt, sofern die Vertrauensleute dem zustimmen.

§ 8 Durchführung des Volksbegehrens

(1) Die Bundesabstimmungsleitung bestimmt im Einvernehmen mit den Vertrauensleuten den Beginn der Eintragungsfrist für das Volksbegehren und macht es öffentlich bekannt.

(2) Für Volksbegehren nach Artikel 78a Absatz 3 des Grundgesetzes beträgt die Eintragungsfrist neun Monate.

(3) Das Volksbegehren ist zustande gekommen, wenn eine Million Stimmberechtigte, bei einer Änderung des Grundgesetzes eine Million fünf hunderttausend Stimmberechtigte durch eine gültige Unterschrift ihre Unterstützung des Volksbegehrens erklärt haben.

(4) Die Bundesabstimmungsleitung macht mindestens zwei Wochen vor dem Beginn der Eintragung die Eintragungsfrist und die Vorlage des Volksbegehrens samt ihrer Begründung bekannt.

(5) Die Unterschriften für ein Volksbegehren werden frei gesammelt. § 3 Absatz 3

Sätze 2-3 gelten entsprechend. Möglich ist zudem auch die Amtseintragung.

(6) Für die Amtseintragung stellen die Vertrauensleute der Bundes-abstimmungsleitung die Eintragungslisten spätestens zwei Wochen vor Beginn der Eintragungsfrist in ausreichender Zahl zu. Die Bundesabstimmungsleitung leitet die Listen an die Gemeinden weiter. Die Gemeinden legen die Eintragungslisten während der Eintragungsfrist mindestens während der gesamten Öffnungszeiten der Behörden sowie an einem Samstag und Sonntag pro Monat aus. Einmal monatlich geben alle Gemeinden zu einem festgelegten Stichtag Zwischenberichte über den Stand der ihnen vorliegenden gültigen Unterschriften eines Volksbegehrens an die Bundesabstimmungsleitung. Diese veröffentlicht das monatliche Zwischenergebnis und teilt es den Vertrauensleuten mit. Vor dem Beginn der Amtseintragung zum Volksbegehren machen die Gemeinden die Vorlage des Volksbegehrens, die Eintragungsfrist und die Eintragungsmöglichkeiten ortsüblich bekannt. Die Gemeinden leiten nach Abschluss der Eintragungsfrist die geprüften, mit Nachweis des Stimmrechts versehenen Unterschriften an die Bundesabstimmungsleitung weiter. Die Bundesabstimmungsleitung stellt das Ergebnis fest und teilt den Vertrauensleuten des Volksbegehrens umgehend mit, ob das Volksbegehren nach Artikel 78a Absatz 3 zustande gekommen ist.

(7) Die Unterstützung des Volksbegehrens ist auch durch briefliche Eintragung möglich. Eine eintragungsberechtigte Person erhält auf Antrag bei der zuständigen Abstimmungsbehörde die Briefeintragungsunterlagen. Der Antrag ist von der eintragungsberechtigten Person selbst oder durch eine bevollmächtigte Person schriftlich oder mündlich bei der Abstimmungsbehörde zu stellen. Die Schriftform gilt auch durch E-Mail oder Telefax als gewahrt, wenn der Antrag auch den Tag der Geburt der antragstellenden Person enthält. Eine fernmündliche Antragstellung ist unzulässig.

Das Nähere regelt die Bundesabstimmungsordnung.

§ 9 Einbringung der Vorlage, Zuleitung an den Bundesrat

(1) Mit der Feststellung, dass das Volksbegehren zustande gekommen ist, gilt die Vorlage, die dem Volksbegehren zugrunde liegt, als

beim Bundestag eingebracht. Sie ist zunächst dem Bundesrat zuzuleiten.

(2) Für das weitere Verfahren gelten die Vorschriften über andere Gesetzesvorlagen entsprechend.

§ 10 Das fakultative Referendum

(1) Ein fakultatives Referendum hat die Annahme oder Ablehnung eines nach den Vorschriften des Grundgesetzes parlamentarisch zustande gekommenen Gesetzes zum Gegenstand. Es kann binnen eines Monats nach dem Zustandekommen des Gesetzes eingeleitet werden und gelangt, sofern innerhalb von drei Monaten mindestens fünf hunderttausend Stimmberechtigte, bei einem Gesetz, durch das ein vom Volk beschlossenes Gesetz aufgehoben oder geändert werden soll, mindestens zweihundertfünfzigtausend Stimmberechtigte, durch eine gültige Unterschrift ihre Unterstützung erklärt haben, zum Volksentscheid.

(2) Ein Gesetz, das Gegenstand des Referendums ist, kann nur vorbehaltlich einer Annahme im Volksentscheid in Kraft treten.

(3) Das fakultative Referendum wird ohne vorausgegangene Volksinitiative durch Antrag beim Präsidenten oder der Präsidentin des Bundestages eingeleitet. § 3 Absatz 4 gilt entsprechend. Die Sammlung der Unterschriften für das fakultative Referendum beginnt frühestens nach Zustandekommen des Gesetzes. Für die Durchführung einer Amtseintragung sind binnen eines Monats 100.000 gültige Unterschriften in freier Sammlung erforderlich und bei der Bundesabstimmungsleitung abzugeben. Die Bundesabstimmungsleitung übersendet diese zur Bestätigung des Stimmrechts an die Gemeinden und stellt binnen zwei Wochen ab Eingang das Zwischenergebnis fest. Sofern die erforderliche Zahl von 100.000 gültigen Unterschriften bestätigt wurde, wird mindestens für den letzten Monat der dreimonatigen Eintragungsfrist zusätzlich eine Amtseintragung durchgeführt.

(4) Die §§ 1 und 2, § 8 Absätze 3-7 sowie die §§ 11-25 gelten entsprechend.

Abschnitt 4: Der Volksentscheid

§ 11 Allgemeine Bestimmungen

(1) Volksentscheide finden statt:

- aufgrund von Volksbegehren nach Artikel 78a des Grundgesetzes,

- bei der Übertragung von Hoheitsrechten nach Artikel 23 und 24 des Grundgesetzes,

- über Änderungen des Grundgesetzes nach Artikel 79 des Grundgesetzes.

(2) Ein Volksentscheid nach Artikel 78a kann nur mit Zustimmung der Vertrauensleute entfallen, wenn die Vorlage des Volksbegehrens zuvor unverändert vom Bundestag, im Falle einer Gesetzesvorlage nach den Vorschriften des Artikels 77, spätestens sechs Monate nach einem zustande gekommenen Volksbegehren beschlossen wurde. Der Bundestag kann eine eigene Vorlage mit zum Volksentscheid stellen, die gemäß dem Verfahren des Artikels 77 des Grundgesetzes spätestens sechs Monate nach einem zustande gekommenen Volksbegehren beschlossen wird. Eine Vorlage, die der Bundestag gemäß dem Verfahren des Artikels 77 beschlossen hat und die die Zustimmung der Vertrauensleute spätestens sechs Monate nach einem zustande gekommenen Volksbegehren erhalten hat (Kompromissvorlage), kann ebenfalls mit zum Volksentscheid gestellt werden.

§ 12 Termin der Abstimmung

(1) Ein Volksentscheid nach Artikel 78a des Grundgesetzes findet spätestens sechs Monate nach der abschließenden Behandlung eines Volksbegehrens durch den Bundestag statt. Volksentscheide nach Artikel 23, 24 oder 79 Absatz 2 des Grundgesetzes finden frühestens sechs, spätestens zwölf Monate nach Abschluss des parlamentarischen Verfahrens statt.

(2) Mehrere zustande gekommene Volksbegehren zum selben Thema werden an einem Abstimmungstag zum Volksentscheid gestellt.

(3) Der Abstimmungstag wird von der Bundesabstimmungsleitung festgelegt, bei Volksentscheiden nach Artikel 78a im Einvernehmen mit den Vertrauensleuten des Volksbegehrens.

(4) Volksentscheide können mit anderen Volksentscheiden und mit Wahlen zusammengelegt werden.

§ 13 Gegenstand des Volksentscheids

(1) Gegenstand des Volksentscheids ist die durch Volksbegehren vorgelegte Vorlage nach Artikel 78a oder eine Vorlage nach Artikel 23, 24 oder 79 des Grundgesetzes.

(2) § 11 Absatz 2 Sätze 2 und 3 gelten entsprechend.

§ 14 Stimmzettel

(1) Die in dem Volksentscheid zu stellende Frage ist von der Bundesabstimmungsleitung so zu formulieren, dass sie mit „Ja" oder „Nein" beantwortet werden kann.

(2) Bei zwei oder mehr Vorlagen zum gleichen Gegenstand werden den Stimmberechtigten die Vorlagen zur jeweiligen Annahme oder Ablehnung vorgelegt. Die abstimmende Person hat ihre Entscheidung, ob sie der Vorlage zustimmt oder diese ablehnt, auf dem Stimmzettel durch ein Kreuz oder auf eine andere Weise eindeutig kenntlich zu machen. Bei mehreren Vorlagen, die den gleichen Gegenstand betreffen, können die Stimmberechtigten kennzeichnen, welche Alternative sie bevorzugen, falls mehrere Vorlagen die Mehrheit nach Artikel 78a Absatz 6 des Grundgesetzes bekommen (Stichfrage).

§ 15 Abstimmungsergebnis

(1) Eine Vorlage ist durch Volksentscheid vorbehaltlich Absatz 2 angenommen, wenn sie die Mehrheit der abgegebenen gültigen Stimmen erhalten hat. Bei Stimmengleichheit ist die Vorlage abgelehnt.

Erhalten mehrere Vorlagen, die den gleichen Gegenstand betreffen, eine Mehrheit, so entscheidet die Stichfrage vorbehaltlich einer Annahme nach Absatz 2.

(2) Soweit zu einem Gesetz die Zustimmung der Bundesländer erforderlich ist, ist eine Vorlage nur dann angenommen, wenn sie die Mehrheit der Stimmen nach Artikel 51 Absatz 2 des Grundgesetzes erreicht. Für die Feststellung des Ergebnisses werden in diesem Fall die Stimmen auch landesweit ausgezählt. Die Annahme oder Ablehnung in den einzelnen Bundesländern wird nach der jeweiligen Stimmenzahl des Bundeslandes im Bundesrat gemäß Artikel 51 Absatz 2 des Grundgesetzes gewichtet.

(3) Die Bundesabstimmungsleitung ist der Bundeswahlleiter oder die Bundeswahlleiterin.

§ 16 Feststellung des Ergebnisses, Ausfertigung und Verkündung

(1) Die Bundesabstimmungsleitung stellt das Ergebnis des Volksentscheids fest, der Präsident oder die Präsidentin des Bundestages macht es bekannt. Gegen die Feststellung des Ergebnisses ist Beschwerde beim Bundesverfassungsgericht zulässig; § 48 des Gesetzes über das Bundesverfassungsgericht gilt entsprechend.

(2) Ein durch Volksentscheid zustande gekommenes Gesetz wird vom Bundespräsidenten oder der Bundespräsidentin gemäß Artikel 82 Absatz 1 des Grundgesetzes ausgefertigt und im Bundesgesetzblatt verkündet. Für das Inkrafttreten gilt Artikel 82 Absatz 2 des Grundgesetzes entsprechend.

5. Abschnitt: Information vor der Abstimmung, Organisation und Finanzierung der Initiatoren etc.

Durchführung eines Verfassungsreferendums nach Artikel 146 des Grundgesetzes

(Beispiel Antrag des Abgeordneten Dr. Wolfgang Ullmann und der Gruppe BÜNDNIS90/DIE GRÜNEN – Bundesdrucksache 12/6716 vom 01.02.1994)

Der Bundestag wolle beschließen:

I. Der Deutsche Bundestag stellt fest:

1. Das Grundgesetz hat sich als provisorische Verfassung der Bundesrepublik Deutschland vor der Vereinigung bewährt. Es ist die Grundlage für eine neue Verfassung des vereinigten Deutschlands. Das Grundgesetz ist aber nicht imstande, den grundlegenden Veränderungen und Herausforderungen gerecht zu werden, die von den Problemen der inneren Vereinigung Deutschlands und den Veränderungen in Europa nach dem Ende des Kalten Krieges ausgehen.

In weiser Bescheidenheit haben die Väter und Mütter des Grundgesetzes den Charakter des Provisoriums an mehreren Stellen ausdrücklich betont. So wurde 1949 in der Präambel als Aufgabe des Grundgesetzes formuliert; „dem staatlichen Leben für eine Übergangszeit eine neue Ordnung zu geben". Eine Verfassung, die an die Stelle des Grundgesetzes treten kann, war nach dessen Text und nach dem Willen des Parlamentarischen Rates an die Überwindung der Teilung geknüpft. Diese unmissverständliche Festlegung wurde in der Präambel und in Artikel 146 des Grundgesetzes getroffen. An der Rechtsgültigkeit des Auftrags zur Verfassungsgebung hat auch die Neufassung des Artikels 146 im Einigungsvertrag nichts geändert. Der Auftrag, die Zustimmung des gesamten deutschen Volkes für eine neue deutsche Verfassung einzuholen, bleibt auf der Tagesordnung.

2. Die Entscheidung über eine Verfassung ist eine Angelegenheit aller Bürgerinnen und Bürger. Die Mitglieder des Parlamentarischen Rates waren sich über die Tatsache im Klaren, daß die Verfassung für das vereinigte Deutschland selbstverständlich vom Volk in einem

Referendum verabschiedet werden muss. Der Verzicht auf ein Verfassungsreferendum war der besonderen historischen Situation der Nachkriegsjahre geschuldet. Die Ausarbeitung einer westdeutschen Verfassung hätte die Spannungen zwischen der westlichen Besatzungszone und der sowjetisch besetzten Zone noch weiter gesteigert. Die Ministerpräsidenten der Länder und der Parlamentarische Rat wollten aber alles vermeiden, was geeignet war, die Teilung Deutschlands zu vertiefen. Deshalb blieb es bei einem Grundgesetz.

Die historischen Gründe, auf eine deutsche Verfassung zu verzichten, sind nach der Vereinigung hinfällig geworden. Der Beitritt der ehemaligen DDR zum Geltungsbereich des Grundgesetzes setzt die Verbindlichkeit von Artikel 146 nicht außer Kraft. Im Gegenteil: die Vereinigung bietet die einmalige historische Chance, in freier Selbstbestimmung eine Verfassung zu erarbeiten, die nicht wie im Jahr 1919 unter Bürgerkriegsbedingungen oder wie nach dem Zweiten Weltkrieg auf Geheiß der alliierten Besatzungsmächte unter dem Eindruck der Teilung zustandekommen muss.

3. Der Deutsche Bundestag bedauert, dass trotz 800.000 Zuschriften an die Gemeinsame Verfassungskommission deren Vorschläge weitgehend unter Ausschluß der Öffentlichkeit erarbeitet wurden. Der Kommission konnte es angesichts ihrer Zusammensetzung als ein kleiner Kreis von Berufspolitikern aus Bund und Ländern nicht gelingen, die erforderliche Transparenz herzustellen. Es hat sich als unkorrigierbarer Fehler erwiesen, daß keine verfassunggebende Versammlung einberufen wurde, deren Arbeit durch Bürgervorschläge begleitet wurde. In diesem Fall hätten die Vertreterinnen und Vertreter einer Initiative, die beispielsweise von 10 000 Menschen unterstützt worden ist, das Recht gehabt, von der Versammlung angehört zu werden. Der Deutsche Bundestag nimmt sich nunmehr in die Pflicht, den Prozeß der Verfassungsreform und der damit untrennbar verbundenen Bürgerbeteiligung erneut in Angriff zu nehmen.

II. Der Deutsche Bundestag fordert die Bundesregierung auf, ein Ausführungsgesetz zu Artikel 146 des Grundgesetzes vorzulegen, das die Beteiligung der Bürgerinnen und Bürger am Prozeß der Verfassungsreform gewährleistet und die Verabschiedung der Verfassung im Rahmen eines Referendums regelt. Der Gesetzentwurf hat sicherzustellen, daß

1. die Bürgerinnen und Bürger das Recht haben, im Wege des Volksbegehrens Änderungen oder Ergänzungen des Grundgesetzes zu beantragen. Ein solches Begehren soll dann zustandekommen, wenn mindestens eine Million Wahlberechtigte dem Antrag zustimmen;

2. über die im Deutschen Bundestag oder im Bundesrat nur mit einfacher Mehrheit oder auf dem Weg des Volksentscheids angenommenen Anträge auf Änderung oder Ergänzung des Grundgesetzes ein Volksentscheid stattfinden kann. Über jeden Antrag ist mit Ja und Nein abzustimmen. Liegen zu einer Sache mehrere konkurrierende Anträge vor und wurden für mehrere dieser Anträge jeweils mehr Ja- als Nein-Stimmen abgegeben, so ist der Vorschlag angenommen, der nach Abzug der auf ihn entfallenden Nein-Stimmen die größte Zahl der Ja-Stimmen auf sich vereinigen kann;

3. das eigentliche Verfassungsreferendum dann auf der Grundlage der bereits von den Bürgerinnen und Bürgern beschlossenen Änderungen und Ergänzungen stattfindet.

Der Entwurf ist angenommen, wenn die Mehrheit der abgegebenen Stimmen auf Ja lautet.

Bonn, den 2. Februar 1994

Dr. Wolfgang Ullmann, Werner Schulz (Berlin) und Gruppe

Diese und weitere Vorlagen soll der „Bürger-Konvent" beraten und zur Verabschiedung dem Deutschen Bundestag übermitteln.

Weigert sich der Deutsche Bundestag diese vom zivilgesellschaftlichen „Bürger-Konvent" erarbeiteten Vorlagen zu akzeptieren, so ist die «Initiative Verfassungskonvent» gewillt, eine
Verfassungsbeschwerde in die Wege zu leiten.

10. Vorschlag für eine Umsetzungsstrategie

10.1 Der Ansatz der „Initiative Verfassungskonvent"

Wenn wir als Souverän die Regeln für unsere Demokratie neu „verfassen" wollen, weil es immer mehr Menschen klar geworden ist,
dass das gegenwärtige Demokratie-Konzept eine souveränitätsver-
achtende Einbahnstraße darstellt, dann müssen wir konkrete
Schritte initiieren: Unserer Überzeugung nach ist es die wichtigste
Aufgabe der nächsten Jahre, dass alle Kräfte in unserer Gesellschaft, die eine partizipative Demokratie wollen, gemeinsam ein
neues, innovatives Konzept erarbeiten.

Um tatsächlich demokratisch legitimiert zu sein muss ein Bürger-
Konvent hohen Anforderungen hinsichtlich Partizipation, Transparenz und Repräsentation genügen. Unser Vorschlag orientiert sich
am „Leitfaden kommunaler Wirtschaftskonvent"[70] der „Gemeinwohl-
Ökonomie". Wir wollen konkrete Vorgaben machen, wie dieser Weg
beschritten werden kann.

---

[70]www.ecogood.org/download/file/fid/178

– Der Gesamtprozess – von den regionalen Wahlkreis-Konventen zum Bundeskonventes

1. Schritt: Bildung kommunaler und regionaler Konvente

Die Initiative zu einem kommunalen oder regionalen Konvent wird von politisch motivierten und engagierten Personen ausgehen; sie sollten darauf achten, dass möglichst vielen Menschen die Möglichkeit geboten wird, sich mit der Idee eines Verfassungs-Konventes vertraut zu machen. Hierzu bietet sich die Organisation einer *Informationsveranstaltung* an. Die konkrete Organisation obliegt der konkreten Erfahrung der Beteiligten.

Auf kommunaler bzw. regionaler Ebene müssen zunächst die inhaltlichen und organisatorischen Erfahrungen für die Organisation des Bundeskonventes gesammelt werden. Die inhaltlichen Ausgangsfragen könnte lauten:

- In welcher Gesellschaft wollen wir leben?

- Wie sollten diese Zielvorstellungen in einer Verfassung erfasst werden?

Regionale Konvente zeigen wie es geht und verstärken den Druck für einen Bundeskonvent.

Zeitraum: Zweite Jahreshälfte 2017
Die Initiatoren sollten folgenden Auflagen hinsichtlich Vielfalt beachten u. a.:

- *Überparteilichkeit*
- Vielfältigkeit
- *Intergenerationalität*
- *Interkulturalität*
- Genderparität
- *Repräsentation von Minderheiten (Menschen mit besonderen Bedürfnissen, ethnische/religiöse Minderheiten, etc.)*

Wichtig ist, dass sich ein Organisationsteam bildet, welches die Regie über die weiteren Schritte übernimmt.

2. Schritt: Zusammenschluss auf Wahlkreisebene

Die regionalen bzw. kommunalen Konvente schließen sich Ende 2017 / Anfang 2018 zu Wahlkreis-Konventen zusammen; es gibt in Deutschland 299 Wahlkreise (siehe oben); in jedem dieser Wahlkreise bildet sich ein Wahlkreis-Konvent. Ab diesem Moment werden alle inhaltlichen und organisatorischen Daten für alle sichtbar im Internet dargestellt.

Wahlkreis-Konvent Vorschläge für Bundeskonvent	**Wahlkreis-Konvent** Vorschläge für Bundeskonvent	**Wahlkreis-Konvent** Vorschläge für Bundeskonvent	**Wahlkreis-Konvent** Vorschläge für Bundeskonvent

„Bürger-Konvent" auf Bundesebene

Er setzt sich zusammen aus VertreterInnen der 299 Wahlkreis-Konvente.

Er beschließt sein Verfahrens-Prozedere und diskutiert und verabschiedet den

- „Entwurf eines Gesetzes zur Einführung von Volksinitiativen, Volksbegehren und Volksentscheide" (Entwurf beispielsweise von „Mehr Demokratie e.V." – siehe oben),

- „Entwurf für die Durchführung eines Verfassungsreferendums nach Artikel 146 des Grundgesetzes" (Entwurf beispielsweise aus der 12. Wahlperiode des Deutschen Bundestages vom Abgeordneten Dr. Wolfgang Ullmann)

Im Sinne einer Selbstermächtigung (Souveränität) wird bei ablehnender Haltung der Politik (davon gehen wir aus) der Bundeskonvent auf Initiative der Zivilgesellschaft durchgeführt, um entsprechenden Druck auszuüben.

Um repräsentativ zu sein, muss der Bundeskongress eine breite Trägerschaft aufweisen und seine TeilnehmerInnen müssen die Bevölkerung widerspiegeln. Für die Durchführung könnte u. a. die ausgereifte und vielfach erprobte Methodik von „AmericaSpeaks"[71] eingesetzt werden.

Um einen Bundeskonvent aufzubauen, muss eine entsprechende Vernetzung über die eingerichteten Internetseiten (z. B. Deutschlandkarte der Bürgerinitiativen) stattfinden, sie dient dem Erfahrungsaustausch und initiiert neue Ideen.

Das erste Treffen des Bundeskonventes sollte im Frühjahr 2018 stattfinden.

Ein zentrales Problem ist die Finanzierung! Da keine öffentliche Mittel in Anspruch genommen werden können und sollen, sind wir auf „Crowdfunding" bzw. „Fundraising" (siehe oben) in allen Phasen und Abläufen angewiesen! Wir werden dies als überregionale Initiative auf Deutschlands größter Spendenplattform www.betterplace.org [72] probieren, dies sollten auch alle Initiatoren/innen ebenfalls auf regionaler und Wahlkreisebene als Finanzierungsmöglichkeit ins Auge fassen.

Diese Internetseiten sagt von sich:

- Wir helfen tausenden sozialen Projekten, im Internet Spenden zu sammeln – mit unseren Werkzeugen und Schulungen;

- Wir leiten 100 % der Spenden an die Organisationen weiter – keine Gebühren, keine Haken;

- Spender erleben mit, was ihr Geld bewirkt und können die Projekte bewerten und ihnen Fragen stellen.

Wichtig ist die Kommunikation! Deshalb raten wir, „Online-Petitionen" zu nutzen, um für die erarbeiteten Vorschläge eine breitere

---

[71]http://www.americaspeaks.org/ https://en.wikipedia.org/wiki/AmericaSpeak
[72]https://www.betterplace.org/de/

Öffentlichkeit zu interessieren und Unterstützer/innen zu gewinnen, z. B. bei:

- Campact[73]

Campact ist eine Bürgerbewegung, mit der 1,7 Millionen Menschen für progressive Politik streiten. Wenn wichtige Entscheidungen anstehen, wenden wir uns mit Online-Appellen direkt an die Verantwortlichen in Parlamenten, Regierungen und Konzernen. Wir schmieden Bündnisse, debattieren mit Politiker/innen und tragen unseren Protest auf die Straße: mit großen Demonstrationen und lokalen Aktionen. Leere Worte lassen wir nicht gelten – unser Maßstab ist tatsächlich umgesetzte Politik. Finanziert durch Spenden verfolgen wir unsere Anliegen unabhängig von Parteipolitik und Wirtschaftsinteressen.

Unsere Kampagnen treiben sozialen, ökologischen und demokratischen Fortschritt voran – für eine Welt, in der alle Menschen ihre Freiheit gleichermaßen verwirklichen können.

Campact ist nicht auf ein spezielles Themenfeld festgelegt. Unsere Themen basieren meistens auf den Vorschlägen der Campact-Aktiven. Themen müssen von öffentlichen Interesse sein und in Einklang mit unserer Wertebasis entlang von fünf inhaltlichen Pfeilern sein.

Alternativ bietet sich die Online-Plattform: OpenPetition[74] an; sie sagt über sich:

Plattform für Bürgerinitiativen, Petitionen, Kampagnen

openPetition unterstützt Sie dabei, Ihre eigene Petition zu erstellen, sie bekannt zu machen und Unterschriften zu sammeln. Vernetzen Sie sich mit **3.118.015** Menschen, um sich Gehör für ihr Anliegen zu verschaffen. openPetition informiert Sie zu Bürgeranliegen, die Sie betreffen.

---

[73]https://www.campact.de/campact/
[74]https://www.openpetition.de/

Die openPetition-Mission

- openPetition setzt sich für eine Modernisierung unserer parlamentarischen Demokratie ein.

- Wir wollen, dass Bürger ihre Anliegen auf die politische Tagesordnung setzen können. Bürger sollen öfter gefragt und vor allem gehört werden.

- Wir wollen Politik und politische Entscheidungen nachvollziehbar machen. Dafür fordern wir Transparenz über die Grundlagen und Einflussfaktoren von Entscheidungen.

- Wir wollen ein zeitgemäßes Petitionsrecht mit Online-Zugang und einem Recht auf Anhörung und Befassung bei dringenden Bürgeranliegen in den Parlamenten und in den Fachausschüssen.

Wir bitten auch alle regionalen oder Wahlkreis-Konvente sich auf der „Deutschlandkarte der Demokratie-Initiativen" einzutragen und die inhaltlichen Vorschläge im „Atlas der Visionen" sowie unter www.visionsofpolitics.de zur Diskussion zu stellen.

10.2 Der Ansatz von «Verfassung vom Volk»[75]

Einen interessanten alternativen Weg schlägt die obige Hannoveraner Gruppe um Heinz Kruse vor: Sie möchte sich im ersten Schritt darauf fokussieren, das deutsche Volk zunächst als den Souverän zu etablieren, über welchen das Grundgesetz in seinen Artikel 20 und 146 spricht. Dies soll geschehen, indem das Volk in einer Abstimmung das heutige Grundgesetz mit drei wichtigen Ergänzungen als Verfassung anerkennt und sich damit deutlich als Ausgangspunkt und Souverän der demokratischen Verfassung etabliert. Mit diesem Fokus auf den Prozess möchte man zunächst alle Diskussionen über den bestmöglichen Inhalt der Verfassung in die Zukunft

---

[75]http://www.verfassung-vom-Volk.org

verlegen. So wäre zunächst unmissverständlich klar gemacht, dass wir das grundsätzliche Anliegen jeder wahren Demokratie und auch den Art.20 des GG ernst nehmen: «Alle Staatsgewalt geht vom Volke aus».

Die Initiative Verfassungskonvent sieht diesen Ansatz als möglichen und geeigneten Türöffner für die Etablierung einer wahren Demokratie und unterstützt ihn insbesondere dann, wenn am Tag des Referendums über die Annahme des GG als Verfassung zugleich die Einberufung eines Verfassungskonvents zur Abstimmung vorgelegt wird.

Damit würde mit dem ersten Schritt die Bearbeitung einer tatsächlich vom Volk kommenden Verfassung mit zeitgemäßen Ergänzungen und Änderungen als angemessener und notwendiger Folgeschritt in die Wege geleitet. Diese Ankündigung des zweiten Schrittes zeitgleich mit dem Vollzug des ersten dürfte tatsächlich keinerlei Zweifel mehr lassen, wer der Souverän der Verfassung ist.

11. Schlusswort: «Etwas Neues in einer unsicheren Zukunft zum Erfolg bringen»[76]

Selbst die besten Ideen werden nicht aus sich selbst heraus realisiert. Auch «Ruckreden»[77] können allenfalls aufrütteln und anregen, Umsetzungsschwäche und Innovationsstau ansprechen. Eine diese Stufe der Aufmerksamkeitserregung überwindende Aufgabe sehen wir in unserem vorliegenden Buch. Denn bei unserem Anliegen handelt es sich um eine hochkomplexe Innovation, um nichts weniger als die gesellschaftliche Erneuerung unserer Demokratie. Dabei

---

[76] Eine im Seminar («Die Zukunft wird anders sein», 8.3.1994) gemeinsam mit Dr. Walter Kroy, dem früheren Chefstrategen bei Daimler-Benz, erarbeitete Definition von «Innovation».

[77] Berliner Rede des Bundespräsidenten Roman Herzog (26.4.1997) (www.bundespraesident.de)

geht es nicht nur um Ideen und Anstöße, sondern insbesondere um möglichst erfolgreiche Realisierung der besten davon unter Beteiligung der Menschen Deutschlands.

«Wenn etwas besser werden soll, muss es anders werden[78].»

Im Vergleich zu alten Zeiten und aktuellen Verwerfungen in der Gegenwart könnten wir unsere heutige Demokratie bereits als «gut» oder «gut genug» empfinden.

Wie wir aber auf den Seiten dieses Buches nachweisen wollten, gibt es heute durchaus gute Gründe dafür, wieder etwas zum Besseren verändern zu wollen, einen weiteren großen Schritt zu tun. Viele Chancen dazu wurden bereits vertan. Weiterhin versuchen viele gute Initiativen aber, sich nicht mit Wehklagen oder gar Schimpfen über gegenwärtige Fehlentwicklungen aufzuhalten, sondern alternative Wege aufzuzeigen, vorzuschlagen und anzustreben. Wir stehen allerdings bei allen noch im (vielleicht z. T. fortgeschrittenen) Ideenstadium, die Realisierung dieser neuen Ideen liegt in noch unklarer Zukunft.

Gerade das «Andere»[3)] (s.o.) macht Innovationen so schwierig. Neues kennen wir noch nicht, müssen lernen, damit umzugehen, es gestalten, ausprobieren. Es ist noch nicht erprobt; Erfahrungen werden ja erst noch gemacht. Es erfordert Mut, Überzeugung und Willen, sich auf Neues einzulassen, vielleicht Altes dafür einzutauschen, aufzugeben. Damit Neues in die Welt kommt, sind oft Widerstände zu überwinden, die ebenfalls neu und noch unbekannt sind, ebenso wie die Zukunft, auf welche die Innovation konzipiert ist. Diese Überzeugungsarbeit zu leisten, mit Unsicherheiten der Menschen und der Umgebung respektvoll umzugehen, Freiraum für neues Denken und Tun zu schaffen im Druck und der Hektik des Tagesgeschehens, Zukunft zu lesen und zu gestalten, das alles ist natürlicher Bestandteil von Innovationsarbeit.

---

[78] Georg Christoph Lichtenberg (1742-1799); deutscher Schriftsteller

Es handelt es sich um einen eigenen Prozess mit spezieller, in eine unsichere Zukunft gerichteten Denk- und Arbeitsweise. Kreativitätstechniken, Optionen, Alternativen, Ideenauswahl und -bewertung spielen anders als im Tagesgeschäft eine wichtige Rolle. Erste Erfahrungen werden mit «Prototypen» gemacht, die mögliche "Zukünfte" oder das neue Produkt abzubilden versuchen.

Intensive Erfahrung mit dem Innovationsprozess hat die daran Beteiligten mit der Zeit gelehrt, dass der Prozess (das«Wie?») selber einen mindestens ebenso wertvollen Beitrag zu einem guten Ergebnis leistet wie gute Kenntnis der Sache (das «Was?»). Beide sind nämlich miteinander durch Rückkopplung stark verbunden. Fokus auf die Entwicklung und Bewertung von Alternativen ist überhasteter Realisierung gemäß dieser Erfahrung eindeutig vorzuziehen.

Wir sind bereit und versuchen, unsere langjährigen Erfahrungen mit Innovationsarbeit über unsere «Zukunftswerkstatt» in die ambitionierten Demokratie-Initiativen einzubringen und in den Dienst der guten und gemeinsamen Sache zu stellen.

Dieses Buch zur übergreifenden Information über bisherige Gedanken und zum Wecken Ihres Interesses an der kreativen Mitgestaltung ist dabei ein erster wichtiger Schritt. Es ist als Handbuch und Anregung gedacht auf dem Weg zu einer neuen, weil besseren Praxis.

Vernetzungen

INITIATIVE – VERFASSUNGSKONVENT

Es ist Zeit, das seit 1949 als „Grundgesetz" geltende Provisorium endlich durch eine vom Volk in freier Entscheidung beschlossenen Verfassung abzulösen. Dazu fordert uns der Art. 146 dieses Grundgesetzes auf.

Solche Verfassung kann aber erst dann vom Volk getragen und mit Leben erfüllt werden, wenn sie in einem breiten, jedem Bürger zugänglichen Dialogprozess entwickelt wird.

Zu einem solchen breiten Dialog rufen wir unsere Mitbürgerinnen und Mitbürger auf:

- Sprechen Sie mit Ihren Freundinnen und Freunden, Familien, Nachbarn, Kolleginnen und Kollegen über Vorstellungen von einer solidarischen, am Gemeinwohl orientierten Gesellschaft.

- Bilden Sie Gesprächsgruppen, um Vorschläge für die Rahmenbedingungen solch einer Gesellschaft zu entwickeln.

- Sind Sie bereits politisch, sozial oder kulturell engagiert, um zum Gemeinwohl beizutragen, dann prüfen Sie bitte mit Ihren Mitstreitenden, welche Rahmenbedingungen Ihr Anliegen behindern und wie förderliche Regelungen aussehen könnten.

- Bitte bringen Sie sich, Ihre Anliegen und Anregungen in den als Bürgerdialog angelegten Verfassungskonvent ein.

„Deutschlandkarte der Demokratie-Initiativen" auf www.deutschland-neu-starten.de

Fast 70 Jahre sind seit der Verabschiedung unseres Grundgesetzes vergangen, aber noch immer hat die Bundesrepublik Deutschland keine Verfassung. Nach Art.146 GG ist ja vorgesehen, dass das Volk in freier Entscheidung eine Verfassung verabschieden kann, um so das Grundgesetz abzulösen und sich selbst als Souverän dieser Verfassung zu etablieren – ganz in Übereinstimmung auch mit dem Art .20 des Grundgesetzes.

Auch der Ruf nach Volksabstimmungen und einer direkteren Demokratie wird hier und da lauter, angeregt durch eigene Überlegung und Überzeugung oder durch entsprechendes Beispiel in anderen europäischen Ländern.

Die Frage nach der Teilung der Gewalten stellt sich ebenfalls immer häufiger und ist Gegenstand von Diskussionen über die Ausgewogenheit zwischen Macht und Recht. Ausgelöst wird dies durch die wachsende Einflussnahme der Exekutiv-Gewalt auf neue Gesetze oder die Rechtsprechung, was das demokratisch essentielle Gerechtigkeitsprinzip geteilter Gewalten zunehmend gefährdet.

Zahlreiche Initiativen beschäftigen sich mit diesen oder ähnlichen Fragen der Demokratie und arbeiten an der Realisierung von Veränderungen mit dem Ziele der Verbesserung. Wir halten dies für interessant und wissenswert genug, um einer breiteren Öffentlichkeit diese Initiativen – eingeordnet auf einer Deutschlandkarte – näher zu bringen und das Interesse an ihnen und an Fragestellungen wie den oben angeführten stärker zu wecken.

Diskussionsforum der Konstruktionsfehler und der Visionen[79] auf www.visionsofpolitics.de

Demokratie verlangt die offene politische Meinungsbildung und Entscheidungsfindung des Souverän. Zu einer moderierten Diskussionen und Diskurs über politische Ideen und Anregungen laden wir Sie zur Mitwirkung auf dieser Seite ein: www.visionsofpolitics.de Gleichzeitig dient diese Seite der Vorstellung aktiver Menschen und Initiativen in den Regionen, erleichtert mit geeigneten Materialien die Teilhabe an den Themen in den einzelnen Debattenräumen und bietet mit dem Kalender Empfehlungen für den Besuch interessanter Veranstaltungen.

---

[79]www.visionsofpolitics.de

Anhang

1. Von der Empörung zur Staatsverantwortung

Bürger-Aufbruch für eine deutsche Verfassung

Unser Land, die Bundesrepublik Deutschland, erleben wir als Bürgerinnen und Bürger in einer eigenartigen Verfassung:

1. statt dem Amtseid entsprechend „des Volkes Wohl zu mehren", erschöpfen sich Parteien und Regierungen in der „Beruhigung der Märkte";
2. soziale und kulturelle Errungenschaften unseres Volkes werden globaler ökonomischer Spekulation geopfert, dadurch immer mehr Bürger in prekäre Lebensverhältnisse gedrängt;
3. Wir erleben, wie in unserem Namen in einem weltweiten, globalen Prozess unsere Infrastrukturen verschachert werden, Finanzdiktaturen errichtet, soziale und kulturelle Errungenschaften preisgegeben werden;
4. mit dem zur Entscheidung anstehenden Europäischen Stabilitätsmechanismus (ESM) werden nicht nur astronomische Geldsummen in die Banken übertragen, sondern zugleich demokratische Rechte und Strukturen ausgehebelt.

Wir sind empört, denn wir lieben unser Land und wollen es nicht dem Raubzug der Spekulanten und Casino-Banken preisgeben.

Doch *„Zorn und Unzufriedenheit reichen nicht; so etwas muss praktische Folgen haben"* (Bertolt Brecht).

Wir wollen die sozialethischen Werte Solidarität und Gemeinwohl in unserem Volk fördern und sichern, sie neu als Politik und Bürger verpflichtende Staatsziele verankern.

Es ist Zeit, das seit 1949 als „Grundgesetz" geltende Provisorium endlich durch eine vom Volk in freier Entscheidung beschlossenen Verfassung abzulösen. Dazu fordert uns der Art. 146 dieses Grundgesetzes auf.

Solche Verfassung kann aber erst dann vom Volk getragen und mit Leben erfüllt werden, wenn sie in einem breiten, jedem Bürger zugänglichen Dialogprozess entwickelt wird.

Zu einem solchen breiten Dialog rufen wir unsere Mitbürgerinnen und Mitbürger auf:

- sprechen Sie mit Ihren Freundinnen und Freunden, Familien, Nachbarn, Kolleginnen und Kollegen über Vorstellungen von einer solidarischen, am Gemeinwohl orientierten Gesellschaft;

- bilden Sie Gesprächsgruppen, um Vorschläge für die Rahmenbedingungen solch einer Gesellschaft zu entwickeln;

- bringen Sie sich in den als Bürgerdialog angelegten Verfassungskonvent ein (http://www.visionsofpolitics.de);

- sind Sie bereits politisch, sozial oder kulturell engagiert, um zum Gemeinwohl beizutragen, dann prüfen Sie bitte mit Ihren Mitstreitenden, welche Rahmenbedingungen Ihr Anliegen behindern und wie förderliche Regelungen aussehen könnten.

- Bitte bringen Sie sich, Ihre Anliegen und Anregungen in den Verfassungskonvent ein. (http://www.initiative-verfassungskonvent.de)

Als Bürgerinnen und Bürger dieser Bundesrepublik wollen wir mit der „Initiative Verfassungskonvent" eine Bürgerbewegung anstoßen. Unser Ziel ist eine Verfassung, die Solidarität, Gerechtigkeit und Gemeinwohl garantiert.

Art 146 GG

„Dieses Grundgesetz, das nach Vollendung der Einheit und Freiheit Deutschlands für das gesamte deutsche Volk gilt, verliert seine Gültigkeit an dem Tage, an dem eine Verfassung in Kraft tritt, die von dem deutschen Volke in freier Entscheidung beschlossen worden ist."

Bad Honnef, Ostern 2012

2. LEIPZIGER AUFRUF –
Volksentscheid ins Grundgesetz!

Art. 20 Abs. 2 GG:

„Alle Staatsgewalt geht vom Volke aus. Sie wird vom Volke in Wahlen und Abstimmungen und durch besondere Organe der Gesetzgebung, der vollziehenden Gewalt und der Rechtsprechung ausgeübt."

Art. 21 Abs.1 GG

„Die Parteien wirken bei der politischen Willensbildung des Volkes mit."

Seit Verabschiedung des Grundgesetzes 1949 wurden diese Bestimmungen auf den Kopf gestellt. Die Parteien haben sich zum Monopolisten politischer Willensbildung und Entscheidungen entwickelt. Es ist höchste Zeit, die Demokratie wieder auf die Füße zu stellen, um eine Politik im Interesse und zum Wohl des Volkes zu ermöglichen.

Ein erster, längst überfälliger Schritt dazu ist die rechtsverbindliche Aufnahme bundesweiter Volksinitiativen, Volksbegehren und Volksentscheide ins Grundgesetz.

Wir fordern den amtierenden Deutschen Bundestag auf, noch in dieser Legislaturperiode ein effektives Volksentscheidungsrecht zu beschließen.

Wir erwarten eine Beschlussfassung bis zum Verfassungstag am 23. Mai 2013.

Nur Abgeordnete, die dieses Vorhaben durch ihr Abstimmungsverhalten aktiv unterstützen und damit die Souveränitätsrechte des deutschen Volkes bestätigen, sind wählbar.

Als Grundlage für eine entsprechende Ergänzung des Grundgesetzes kommen beispielsweise in Betracht:

- Verfassungsentwurf des Kuratoriums für einen demokratisch verfassten Bund deutscher Länder vom 29.6.1991 – Art. 82a

- Verfassung des Landes Mecklenburg-Vorpommern Art. 59 und 60
- Verfassung des Freistaates Bayern Art. 71, 72 und 74

Leipzig, den 09. Oktober 2012

3. „Berliner Perspektive"

Die Teilnehmer der 3. Bundeskonferenz der INITIATIVE VER-FASSUNGSKONVENT wenden sich mit der „Berliner Perspektive" an jene Initiativen, und Organisationen, die sich in Deutschland für mehr Demokratie in Gemeinwohl und sozialer Gerechtigkeit engagieren.

Gemeinsam mit Ihnen wollen wir Demokratie weiterentwickeln als Grundlage für nachhaltige und zukunftsfähige gesellschaftliche Veränderungen.

Etwa ein Viertel der Bundesbürger sind ehrenamtlich engagiert, um einer humanen Zukunft Wege zu bereiten. Die demokratische Kompetenz der Zivilgesellschaft hat die bestehende Partei-Dominanz längst überholt und liefert in Konzepten und praktischen Projekten „Blaupausen humaner Gesellschaft". Die gravierenden Entscheidungen und Veränderungen werden immer massiver von wirtschaftlichen und politischen Interessengruppen bewirkt, die sich nicht um das Gemeinwohl scheren. So werden schwer errungene soziale Leistungen und Standards preisgegeben und abgeschafft. Statt das gesellschaftliche Wirtschaften demokratisch zu entwickeln, streben Regierungen die „marktkonforme Demokratie" an. Zur „Beruhigung der Märkte" werden öffentliche Haushalte ausgezehrt und überschuldet, die Lasten heutigen und zukünftigen Bürgern übertragen.

Sicher geglaubte Regeln der Demokratie werden von Regierungen ausgehebelt, Souveränitätsrechte ohne Votum des

Volkes aufgegeben. Zugleich erfahren wir als ein Handicap der zivilgesellschaftlichen Initiativen, das sie sich mehr und mehr auf einzelne, immer spezifischere Themenfelder fokussieren und dabei die systemische Gesamtsicht aus den Augen verlieren. Zwar wächst Empörung im Volk und findet Ausdruck in Großdemonstrationen, Blockaden als auch in Wahlenthaltungen, doch Empörung allein schafft keine politischen Reformen.

- Es ist Zeit, Demokratie wieder neu zu fassen und zu verfassen.

- Es ist Zeit, die Einflussmöglichkeiten des Volkes in die Politik neu zu gestalten.

- Es ist Zeit, die demokratischen Regeln so zu fassen, dass das Volk selbst Politik macht für das Volk.

Die politische Bedeutungslosigkeit der StaatsbürgerInnen, welche nur in periodischen Abständen die Fortdauer eines überholten Systems durch Ankreuzen bestätigen oder bestenfalls ein Volksbegehren unterschreiben dürfen, muss beendet werden. Nicht mehr die persönliche Macht Einzelner darf für den politischen Einfluss ausschlaggebend sein, sondern der Wert der Ideen aus Sicht der Bevölkerung.

Als Voraussetzungen für eine Weiterentwicklung der Demokratie sehen wir:

- die Schaffung einer regierungsunabhängigen Institution des Souverän;

- die Weiterentwicklung der Gewaltenteilung unter Einbezug der Zivilgesellschaft und der Finanzinstitutionen;

- die Definition eines neuen Verfassungsverständnisses zur transparenten Selbstregelung der Gesellschaft;

- die Nutzung von Abstimmungsverfahren, die nicht auf die Macht der einfachen Mehrheit ausgerichtet sind, sondern auf den besten Vorschlag mit dem geringsten Widerstand;

- die Festlegung der Wirtschafts- und Gesellschaftsordnung auf das „Gemeinwohl" und

- die Einberufung eines zivilgesellschaftlich basierten „Verfassungs-Konvents", der eine neue Verfassung erarbeitet, um sie gemäß Art.146 GG durch eine Volksabstimmung bestätigen zu lassen.

Das Volk als Souverän muss künftig:

- eine Regierung abwählen können;

- vom Parlament beschlossene Gesetze korrigieren können;

- selber Gesetze zur Abstimmung bringen können;

- einen „Verfassungskonvent" einberufen und

- die Verfassung per Volksabstimmung ändern können.

Es ist Zeit, dass die für echte Demokratie und Gemeinwohl engagierten zivilgesellschaftlichen Gruppen und Organisationen sich verständigen und die für die Veränderungen notwendige Gestaltungskraft entwickeln.

Dies halten wir für die vordringliche demokratische Aufgabe der nächsten Jahre. Dazu sollten im besten Fall alle Kräfte, die mehr Demokratie wollen, zusammenarbeiten. Gemeinsam gilt es ein innovatives und zeitgemäßes Demokratie-Konzept auszuarbeiten und in ein Bündnis einzubringen, das als **Bürgerrechtsbewegung** aktiv wird. Wir wollen einen friedlich-evolutionären Übergang in eine neue Verfassungsordnung.

Berlin, im Mai 2013

4. Hambacher Konsens

In Neustadt an der Weinstrasse, unweit des Hambacher Schlosses trafen sich vom 1.-3. Mai 2015 über 30 Aktivisten unterschiedlicher

Initiativen zu einer Bürgerwerkstatt über den angestrebten Verfassungskonvent.

Die Teilnehmer der Bürgerwerkstatt erklären:

1. Wir erkennen

1.1 das Bedürfnis der Menschen

1.2 die Notwendigkeit politischer Verfahren, die von der politischen Meinungsbildung im Volk über die politische Willensbildung des Volkes bis zur demokratischen legitimierten politischen Entscheidung reichen und sich an diesem Bedürfnis und seiner Erfüllung ausrichten.

(1) Nur solche Verfahren verdienen das Gütesiegel DEMOKRATIE

2. Wir sehen

2.1 dass die bisher entwickelten politischen Verfahren und Strukturen den Zielen der DEMOKRATIE nicht genügen, sondern sich inzwischen gegen sie richten und den Beherrschungsansprüchen ökonomischer Mächte dienen.

2.2 dass die bisher entwickelten „abendländischen" Staatsverfassungen diese Abkehr von DEMOKRATIE und die Neuausrichtung auf die Interessen „der Märkte" nicht verhindern konnten.

2.3 das daraus folgende, vielfache Engagement von Bürgern, Initiativen und Verbänden zur Neuorientierung politischer Verhältnisse gemäß den Zielsetzungen der DEMOKRATIE

2.4 wie die in diesem Engagement entwickelten Lösungskonzepte von den gewählten Mandatsträgern in Deutschland missachtet und umgedeutet werden.

3. Wir treten ein

3.1 für einen konstruktiven, offenen gesellschaftlichen Dialog über die Wertorientierung und demokratische Legitimation des politischen Handelns,

3.2 für die Entwicklung politischer Verfahren und Strukturen, die sachpolitische Entscheidungen im Konsens des Volkes ermöglichen,

3.3 für einen zivilgesellschaftlich basierten Verfassungskonvent, der dem deutschen Volk einen Entwurf für die frei zu entscheidende Verfassung gemäß Artikel 146 GG erarbeitet.

4. Wir wollen dazu

4.1 uns frei in die gesellschaftliche Diskussion um eine demokratische Neuorientierung einbringen,

4.2 viele Bürger für die Notwendigkeit einer gesellschaftlichen Veränderung durch die gemeinsame Arbeit an einer Verfassung sensibilisieren und gewinnen,

4.3 die Kooperation zwischen uns und anderen Initiativen, Gruppen und Organisationen für einen derartigen Verfassungskonvent verstärken und dafür geeignete Methoden, Veranstaltungen und Plattformen bieten und weiterentwickeln,

4.4 prominente und kompetente Förderer für diese Initiative gewinnen

4.5 in gemeinsamer Kampagne den Weg für diesen Verfassungskonvent ebnen.

Literaturverzeichnis:

Altvater, Elmar u. a. Grenzen der Globalisierung – Ökonomie, Ökologie und Politik in der Weltgesellschaft, Westfälisches Dampfboot, Münster 1996

Arnim, Hans Herbert von, Politik – Macht – Geld – Das Schwarzgeld der Politiker – weißgewaschen, Knauer-Verlag, München 2001

Arnim, Hans Herbert von, Direkte Demokratie, Duncker & Humblot-Verlag, Berlin 2000

Arnim, Hans Herbert von, Die Deutschlandakte – Was Politiker und Wirtschaftsbosse unserem Land antun, Goldmann-Verlag, München 2009

Arnim, Hans Herbert von, Vom schönen Schein der Demokratie – Politik ohne Verantwortung – am Volk vorbei, Droemer-Verlag, München 2000

Arnim, Hans Herbert von, Volksparteien ohne Volk – Das Versagen der Politik, 2. Auflage, C. Bertelsmann-Verlag, München 2009

Augstein, Jakob, Sabotage – Warum wir uns zwischen Demokratie und Kapitalismus entscheiden müssen, www.hanser-literaturverlage.de, München 2013

Bakan, Joel, Das Ende der Konzerne – Die selbstzerstörerische Kraft der Unternehmen, Europa-Verlag, Leipzig 2005

Beck, Ulrich (Hg.), Perspektiven der Weltgesellschaft, Suhrkamp-Verlag, Frankfurt 1998

Beck, Ulrich, Gegengifte – Die organisierte Unverantwortlichkeit, Suhrkamp-Verlag, Frankfurt 1988

Beck, Ulrich, Was ist Globalisierung?, 3. Auflage, Suhrkamp-Verlag, Frankfurt a. M. 1997

Beck, Ulrich, Politik in der Risikogesellschaft, Suhrkamp-Verlag, Frankfurt a. M. 1991

Ulrich Beck (Hg.), Die Zukunft von Arbeit und Demokratie, Suhrkamp-Verlag, Frankfurt a. M. 2000

Beck, Ulrich, (Hg.), Politik der Globalisierung, Suhrkamp-Verlag, Frankfurt a. M.1998

Beaufort, J. u. a., Fortschritt und Risiko – Zur Dialektik der Verantwortung in (post)modernen Gesellschaften, Verlag J. H. Röll, Dettelbach 2003

Berger, Peter L. (Hg.), Die Grenzen der Gemeinschaft – Konflikt und Vermittlung in pluralistischen Gesellschaften – Ein Bericht der Bertelsmann Stiftung an den Club of Rome, Verlag Bertelsmann Stiftung, Gütersloh 1997

Bihl, Eric und Frystedt, Volker, Equilibrismus – Neue Konzepte statt Reformen für eine Welt im Gleichgewicht, Signum-Verlag, Wien 2005

Binswanger, Christoph u. a., Die Vollgeld-Reform – Wie Staatsschulden abgebaut und Finanzkrisen verhindert werden können, Edition Zeitpunkt, Solothurn 2012

Bischoff, Joachim, Allgemeines Grundeinkommen . Fundament für soziale Sicherheit?, VSA-Verlag, Hamburg 2001

Bissinger, Manfred u. a., Die Vierte Gewalt – Vom Verschwinden des investigativen Journalismus, Herder-Verlag, Freiburg 2014

Blüm, Norbert, Gerechtigkeit – Eine Kritik des Homo oeconomicus, Herder-Verlag, Freiburg 2006

Blüm. Norbert, Einspruch! - Wider der Willkür an deutschen Gerichten – Eine Polemik, Westend-Verlag, Frankfurt 2014

Bode, Thilo, TTIP – Die Freihandelslüge – Warum TTIP nur den Konzernen nutzt – und uns allen schadet, Deutsche Verlags-Anstalt, München 2015

Bofinger, Peter, Ist der Markt noch zu retten? – Warum wir jetzt einen starken Staat brauchen, Ullstein-Verlag, Berlin 2009

Bourdieu, Pierre, Gegenfeuer 2 – Für eine europäische soziale Bewegung, UVK-Verlag, Konstanz 2001

Brand, Ulrich, Post-Neoliberalismus?, VSA-Verlag, Hamburg, 2011

Breisky, Michael, Groß ist ungeschickt – Leopold Kohr im Zeitalter der Post-Globalisierung, Passagen-Verlag, Wie 2010

Brodbeck, Karl-Heinz, Die fragwürdigen Grundlagen der Ökonomie – Eine philosophische Kritik der modernen Wirtschaftswissenschaften, Wissenschaftliche Buchgesellschaft, 2. Auflage, Darmstadt 2000

Bruhn, Manfred und Wunderlich, Werner (Hg.) Medium Gerücht – Studien zur Theorie und Praxis einer kollektiven Kommunikationsform, Haupt-Verlag, Bern 2004

Bude, Heinz, Die Ausgeschlossenen – Das Ende vom Traum einer gerechten Gesellschaft, Hanser-Verlag, München 2008

Butterwegge, Christoph, Krise und Zukunft des Sozialstaates, 3. erweiterte Auflage, VS Verlag für Sozialwissenschaften, Wiesbaden 2006

Butterwegge, Christoph, Rechtsextremismus, Herder-Verlag, Freiburg 2002

Butterwegge, Christoph, Zuwanderung im Zeichen der Globalisierung, 3. aktualisierte Auflage, VS Verlag für Sozialwissenschaften, Wiesbaden 2006

Butterwegge, Christoph u. a., Kritik des Neoliberalismus, Verlag für Sozialwissenschaften, Wiesbaden 2007

Butterwegge, Christoph u. a., **Neoliberalismus -Analysen und Alternativen**, Verlag für Sozialwissenschaften, Wiesbaden 2008

Campell, Colin J. u. a., Ölwechsel! – Das Ende des Erdölzeitalters und die Weichenstellung für die Zukunft, 2. Auflage, Deutscher Taschenbuch Verlag, München 2008

Chomska, Noam, Profit over people – Neoliberalismus und globale Weltord-nung, Europa-Verlag, 7. Auflage, Hamburg 2002
Chossudovsky, Michel, Global Brutal – Der entfesselte Welthandel, die Ar-mut, der Krieg, 3. Auflage, Zweitausendeins, Frankfurt a. M. 2002
Cohen, Daniel, Fehldiagnose – Globalisierung – Die Neuverteilung des Wohl-standes nach der dritten industriellen Revolution
Campus-Verlag, Frankfurt a. M. 1998
Creutz, Helmut, Die 29 Irrtümer rund ums Geld,
Signum-Wirtschaftsverlag, München 2004
Cretz, Helmut, Das Geld-Syndrom – Wege zu einer krisenfreien Marktwirt-schaft, 5. erweiterte Auflage, Econ-Verlag, Berlin1997
Dahn, Daniela, Wir sind der Staat – Warum Volk sein nicht genügt, Rowohlt-Verlag, Hamburg 2013
Dahrendorf, Ralf, Die Krisen der Demokratie, Verlag C. H. Beck,
1. Auflage 2003
Darnnstädt, Thomas, Die Konsens-Falle – Wie das Grundgesetz Reformen blo-ckiert, Deutsche Verlags-Anstalt München, 2004
Deutschmann, Christoph, Die Verheißung des absoluten Kapitalismus – Zur religiösen Natur des Kapitalismus, Campus-Verlag,
Frankfurt a. M. 2. überarbeitete Auflage, 2001
Dörner, Andreas, Politainment – Politik in der medialen Erlebnisgesellschaft,
Suhrkamp-Verlag, Frankfurt a. M. 2001
Dohmen, Caspar, Let's make Money – Was macht die Bank mit unserem Geld?, Orange-Press, Freiburg 2008
Duchrow, Ulrich – Gieriges Geld – Auswege aus der Kapitalismusfalle – Befrei-ungstheologische Perspektiven, Kösel-Verlag, München 2013
Demirovic, Alex u. a., VielfachKrise – im finanzmarktdominierten Kapitalismus, VSA-Verlag, Hamburg 2011
Dettling, Warnfried, Wirtschafts-Kummerland? – Wege aus der Globalisie-rungsfalle, Kindler-Verlag, München 1998
Dönhoff, Marion Gräfin, Zivilisiert den Kapitalismus, Droemersche Verlagsan-stalt, Stuttgart 1999
Duchrow, Ulrich, Alternativen zur kapitalistischen Weltwirtschaft, Gütersloh-er-Verlagshaus, 1994
Dürr, Hans-Peter, Für eine zivile Gesellschaft,
Deutscher TaschenbuchVerlag, München 2002
Eichhorn und Solte, Dirk, Das Kartenhaus Finanzsystem,
Fischer-Verlag, Frankfurt a. M. 2009
Embacher, Serge, Demokratie! – Nein Danke? – Demokratieverdruss in Deutschland, eine Studie der Fiedrich-Ebert-Stiftung, Dietz-Verlag, Bonn 2009
Emunds, Bernhard, Reichert, Wolf-Gero (Hg.) Den Geldschleier lüften – Perspektiven auf die monetäre Ordnung in der Krise,
Metropolis-Verlag, Marburg 2013

Echenburg, Rolf und Dabrowski, Martin (Hg.), Konsequenzen der Globalisierung, Lit-Verlag, Münster 1998

Etzioni, Amitai, Jenseits des Egoismus-Prinzips – Ein neues Bild von Wirtschaft, Politik und Gesellschaft, Schäffer-Poeschel-Verlag, Stuttgart 1994

Eurich, Claus, Mythos Multi-Media – Über die Macht der neuen Technik, Kösel-Verlag, München 1998

Exner, Andreas u. a., Grundeinkommen – Soziale Sicherheit ohne Arbeit, Deuticke-Verlag, Wien 2007

Fabio, Udo di, Die Kultur der Freiheit, C. H. Beck-Verlag, München 2005

Europäische Gemeinschaft, Vertrag über eine Verfassung für Europa, Europäischer Konvent, Luxemburg 2003

Felber, Christian, Gemeinwohl-Ökonomie – erweiterte Neuausgabe, Deuticke-Verlag, Wien 2012

Felber, Christian, Geld – Die neuen Spielregeln, Deuticke-Verlag, Wien 2014

Felber, Christian, 50 Vorschläge für eine gerechtere Welt, Deuticke-Verlag, Wien 2006

Felber, Christian, Retten wir den Euro, Deuticke-Verlag, Wien 2012

Fischer, Michael, Europa neu denken – Regionen als Ressource, Pustet-Verlag, Salzburg 2014

Flassbeck, Heiner, Die Marktwirtschaft des 21. Jahrhunderts, Westend-Verlag, Frankfurt a. M. 2010

Flassbeck, Heiner, 50 einfache Dinge, die Sie über unsere Wirtschaft wissen sollten, Piper-Verlag, 2. Auflage, München 2009

Ferguson, Niall, Politik ohne Macht – Das fatale Vertrauen in die Wirtschaft, Deutsche Verlags-Anstalt, Stuttgart 2001

Forrester, Viviane, Die Diktatur des Profits, Hanser-Verlag, München 2001

Forrester, Viviane, Der Terror der Ökonomie, Zsolnay-Verlag, Wien 1997

Friedman, Milton, Kapitalismus und Freiheit, Eichborn-Verlag, Frankfurt a. M. 2002

Fürstenwerth, Hauke, Geld arbeitet nicht – wer bestimmt über Geld, Wirtschaft und Politik?, Shaker-Media-Verlag, Aachen 2007

Gahrmann, Arno, Wir arbeiten und nicht das Geld – Wie wir unsere Wirtschaft wieder lebenswert machen, Westend-Verlag, Frankfurt 2013

Gahrmann, Arno u. a., Zukunft kann man nicht kaufen – ein folgenschwerer Denkfehler in der globalen Ökonomie, Horlemann-Verlag, Bad Honnef 2004

Galbraith, John Kenneth, Die solidarische Gesellschaft – Plädoyer für eine moderne soziale Marktwirtschaft, Hoffman und Campe-Verlag, Hamburg 1998

Gehl, Günter (Hg.), Korruption – Krebsgeschwür der demokratischen Gesellschaft, Bertuch-Verlag, Weimar, 2004

Geißler, Heiner, Sapere aude! – Warum wir eine neue Aufklärung brauchen, Ullstein-Verlag, Berlin 2013

Gothe, Stefan, Regionale Prozesse gestalten, Universität Kassel 2006

Gottwald, Franz-Theo u. a. Irrweg Bioökonomie – Kritik an einem totalitären Ansatz, Suhrkamp-Verlag, Berlin 2014

Graeber, David, Schulden – die ersten 5.000 Jahre, Klett-Cotta-Verlag, Stuttgart 2011

Griffin,G. Edward, Die Kreatur von Jekyll Island – Das schrecklichste Ungeheuer, das die internationale Hochfinanz je schuf, Kopp-Verlag, Rottenburg 2006

Grimmensten, Marianne, Quo vadis Deuschland? – Was sich ändern muss, Steno-Verlag, München 2008

Groll, Franz, Wie das Kapital die Wirtschaft ruiniert – Der Weg zu einer ökologisch-sozialen Gesellschaft, Riemann-Verlag, München 2004

Groll, Franz, Der Weg zur zukunftsfähigen Gesellschaft – Die solidarische Wirtschafts- und Gesellschaftsordnung als Alternative zum Kapitalismus, VSA-Verlag, Hamburg 2013

Groll, Franz, Von der Finanzkrise zur solidarischen Gesellschaft – Visionen für eine zukünftige Wirtschaftsordnung, VSA-Verlag, Hamburg 2009

Grossmann, Ralph (Hg.), Alternative Ökonomie, Springer-Verlag, Wien 1998

Grünenberg, Reginald, Das Ende der Republik 2.0, Perlen-Verlag Berlin, 2. Auflage 2010

Gruppe von Lissabon, Grenzen des Wettbewerbs, Luchterhand-Verlag, München 1997

Guggenberger, Bernd u. a., Eine Verfassung für Deutschland – Manifest, Text, Plädoyers, Carl Hanser Verlag München 1991

Guggenberger, Bernd und Stein, Tine (Hg.) Die Verfassungsdiskussion im Jahr der deutschen Einheit – Analysen, Hintergründe, Materialien, Carl Hanser-Verlag, München 1991

Haus, Michael (Hg.), Bürgergesellschaft, soziales Kapital und lokale Politik, Leske und Budrich-Verlag, Opladen 2002

Hawken, Paul u. a., Öko-Kapitalismus – Wohlstand im Einklang mit der Natur, Riemann-Verlag, Berlin 2000

Hebel, Stephan, Mutter Blamage – Warum die Nation Angela Merkel und ihre Politik nicht braucht, Westend-Verlag, 2. Auflage 2013, Frankfurt a. M.

Hebel, Stephan, Deutschland im Tiefschlaf – Wie wir unsere Zukunft verspielen, Westend-Verlag, Frankfurt a. M. 2014

Hebel, Stephan und Kessler, Wolfgang, Zukunft sozial: Wegweiser zu mehr Gerechtigkeit, Publik-Forum, Frankfurt a. M. 2004

Heidel, Klaus u. a., Armes reiches Deutschland – Jahrbuch Gerechtigkeit, Frankfurt a. M. 2007

Heinrichs, Johannes, Sprung aus dem Teufelskreis, Vita Nuova-Verlag, Wien 1997

Heinrichs, Johannes, Revolution der Demokratie – Eine Realutopie, Maas-Verlag, Berlin 2003

Heußner, Hermann K. u. a., Mehr direkte Demokratie wagen, Olzog-Verlag, München 1999

Hopkins, Rob, Energiewende – das Handbuch, Zweitausendeins-Verlag, 2. Auflage, Frankfurt a. M. 2010

Honnegger, Claudia u. a., Strukturierte Verantwortungslosigkeit – Bericht aus der Bankenwelt,, Suhrkamp-Verlag, Berlin 2010

Horx, Matthias, Die acht Sphären der Zukunft, 3. Auflage, Signum-Verlag, Hamburg 2000

Horx, Matthias, Das Megatrend-Prinzip – Wie die Welt von morgen entsteht, Deutsche Verlags-Anstalt, München 2011

Horx, Matthias, Wie wir leben werden, Piper-Verlag, 4. Auflage, München 2009

Huber, Joseph, GG-Szenario – 159 Artikel für einen neuen Gesellschaftsvertrag, Büchergilde Gutenberg, Frankfurt a. M., 1. Auflage 2005

Hülkenberg, Josef, Empörung allein schafft kein Gemeinwohl – Reflexion und Impulse abseits betreuten Denkens, tredition Verlag, Hamburg 2012

Hülkenberg, Josef, Nur mal angenommen … Demokratie ginge anders, tredition Verlag, Hamburg 2015

Hülkenberg, Josef (Hg.), Der Würde wegen; tredition Verlag, Hamburg 2016

Huffschmid, Jörg, Politische Ökonomie der Finanzmärkte, VSA-Verlag, Hamburg 2002

Huntington Samuel P., Kampf der Kulturen, Europa-Verlag, München 1996

Jackson, Tim, Wohlstand ohne Wachstum – Leben und Wirtschaften in einer endlichen Welt, oekom-verlag, München 2011

Jarass, Lorenz und Obermair, Gustav M., Steuermaßnahmen zur nachhaltigen Staatsfinanzierung, MV-Wissenschaft-Verlag, Münster 2012

Jonas, Hans, Das Prinzip der Verantwortung – Versuch einer Ethik für die technologische Zivilisation, Suhrkamp-Verlag, Frankfurt a. M. 1984

Kastner, Heiko, Mythos Marktwirtschaft – Die irrationale Herrschaft des Geldes über Arbeit, Mensch und Natur, SWI-Verlag, Bochum 2001

Kennedy Margrit, Geld ohne Zinsen und Inflation, Goldmann-Verlag, München 1994

Kennedy, Margrit u. Lietaer, Bernard, Regionalwährungen – Neue Wege zu nachhaltigem Wohlstand, Riemann-Verlag, München 2004

Kennedy, Margrit, Occupy Money – Damit wir künftig alle die Gewinner sind, J. Kamphausen-Verlag, Bielefeld 2011

Kenawi, Samirah, Falschgeld – Die Herrschaft des Nichts über die Wirklichkeit, EWK-Verlag, Kühbach-Unterbernbach, 2009

Kistler, Ernst, Die Methusalem-Lüge – Wie mit demographischen Mythen Politik gemacht wird, Hanser-Verlag, München 2006

Kessler, Wolfgang (Hg.), Geld und Gewissen – Kompass für ethisch motivierte Sparer, Publik-Forum, Oberursel 2000

Kessler, Wolfgang, Weltbeben – Auswege aus der Globalisierungsfalle, Publik-Forum, Oberursel 2005

Klein, Ansgar (Hg.), Politische Beteiligung und Bürgerengagement in Deutschland, Nomos-Verlag, Baden-Baden 1997

Klein, Ansgar, Der Diskurs der Zivilgesellschaft – Politische Hintergründe und demokratietheoretische Folgerungen,
Leske + Buderich-Verlag, Opladen 2001

Klein, Naomi, No Logo! - Der Kampf der Global Players um Marktmacht, Riemann-Verlag, München 2001

Klein, Naomi, Über Zäune und Mauern – Bericht von der Globalisierungsfront, Campus-Verlag, Frankfurt a. M. 2003

Klinker u. a, Einfach abgehängt – Ein wahrer Bericht über die neue Armut in Deutschland, Rowohlt-Verlag, Berlin 2006

Klöck, Tilo (Hg.), Solidarische Ökonomie und Empowerment,
AG SPAK Publikationen, Neu-Ulm 1998

Kohr, Leopold, Das Ende der Großen – Zurück zum menschlichen Maß, Ott Müller Verlag, Salzburg 2002

Kohr, Leopold, Entwicklung ohne Hilfe – Die überschaubare Gesellschaft, Ott Müller Verlag, Salzburg 2007

Kruse, Heinz, Demokratie in einer globalen Welt – Überwindung der Denk- und Handlungskrise unserer Parteien;
Springer-Verlag, Wiesbaden 2015

Kuratorium für einen demokratisch verfaßten Bund deutscher Länder (in Zusammenarbeit mit der Heinrich-Böll-Stiftung), Vom Grundgesetz zur deutschen Verfassung – Denkschrift und Verfassungsentwurf, Berlin, Köln, Leipzig 1991

Kurbjuweit, Dirk, Alternativlos – Merkel, die Deutschen und das Ende der Politik, Hanser-Verlag, München 2014

Kurbjuweit, Dirk, Angela Merkel – Die Kanzlerin für alle?,
Hanser-Verlag, München 2009

Kurbjuweit, Dirk, Unser effizientes Leben – Die Diktatur der Ökonomie und ihre Folgen, Rowohlt-Verlag, Hamburg 2003

Leggewie, Claus, Mut statt Wut – Aufbruch in eine neue Demokratie, Edition Körber-Stiftung, Hamburg 2011

Lafontaine, Skar und Müller Christa, Keine Angst vor der Globalisierung, Diets-Verlag, Bonn 1998

Leyendecker, Hans, Die Korruptionsfalle – Wie unser Land im Filz versinkt, Rowohlt-Verlag, 2. Auflage, Hamburg 2003

Lietaer, Bernard u. a., Geld und Nachhaltigkeit – Von einem überholten Finanzsystem zu einem monetären Ökosystem – Die glaubwürdige und tragfähige Alternative zu Turbo-Kapitalismus und Finanzdiktatur,
Ein Bericht des Club of Rome, Europa-Verlag Berlin, 2013

Lietaer, Bernard, Das Geld der Zukunft – Über die destruktive Wirkung des existierenden Geldsystems und die Entwicklung von Komplementarwährungen, Riemann-Verlag, 2. Auflage 1999

Lietaer, Bernard, Die Welt des Geldes – Das Aufklärungsbuch,
Arena-Verlag, Würzburg 2001

Lorenz, Herdolor u. a. Wer rettet wen? – Die Krise als Geschäftsmodell, VSA-Verlag, Hamburg, 2015

Lévy, Pierre, Die kollektive Intelligenz, Bollmann-Verlag

Martin, Hans-Peter u. a., Die Globalisierungsfalle – Der Angriff auf Demokratie und Wohlstand, Rowohlt-Verlag, 3. Auflage, Hamburg 1996

Meyer, Thomas, Mediokratie – Die Kolonisierung der Politik durch die Medien, Suhrkamp-Verlag, Frankfurt a. M. 2001

Moelle, Henning, Der Verfassungsbeschluß nach Artikel 146 Grundgesetz,
Verlag Ferdinand Schöningh, Paderborn 1996

Müller, Albrecht, Machtwahn – Wie eine mittelmäßige Führungselite uns zugrunde richtet, Droemer-Verlag, München 2006

Müller, Albrecht, Die Reformlüge, Droemer-Verlag, München 2004

Nanz, Patrizia und Leggewie, Claus, Die Konsultative – Mehr Demokratie durch Bürgerbeteiligung, Wagenbach-Verlag, Berlin 2016

Opaschowski, Horst W., Minimex – Das Zukunftsmodell einer sozialen Gesellschaft, Gütersloher-Verlagshaus, Gütersloh 2007

Opaschowski, Horst W., Deutschland 2020, VS-Verlag, Wiesbaden 2004

Otte, Max, Der Informationscrash – Wie wir systematisch für dumm verkauft werden, Econ-Verlag, München 2009

Paech, Niko – **Befreiung vom Überfluss** – Auf dem Weg in die Postwachstumsökonomie, München 2012

Pauli, Gunter, UpCycling, Riemann-Verlag, München 1999

Peukert, Helge, Die große Finanzmarkt- und Staatsschuldenkrise – Eine kritisch-heterodoxe Untersuchung, 4. aktualisierte Auflage,
Metropolis-Verlag, Marburg 2012

Peukert, Helge, Das Moneyfest – Ursachen und Lösungen der Finanzmarkt- und Staatsschuldenkrise, Metropolis-Verlag, Marburg 2013

Preuß, Ulrich K., Revolution, Fortschritt und Verfassung – Zu einem neuen Verfassungsverständnis, Verlag Klaus Wagenbach, Berlin 1990

Prager, Christoph, Ratingagenturen – Funktionsweisen eines neuen politischen Herrschaftsinstruments, Mandelbaum-Verlag, Wien 2012

Rademacher, Franz-Josef, Global Marshall Plan, Horizonte-Verlag, Stuttgart 2004

Radermacher, Franz-Josef, Balance oder Zerstörung, Öko-Soziales Forum, Wien 2002

Rogner, Klaus Michael, Der Verfassungsentwurf des Zentralen Runden Tisches der DDR, Duncker & Humblot Berlin 1993

Roth, Roland, Bürgermacht – Eine Streitschrift für mehr Partizipation, Edition Körber-Stiftung, Hamburg 2011

Rügemer, Werner, arm und reich, transcript-Verlag, Bielefeld 2002

Rügemer, Werner, Colonia Corrupta, Westfälisches Dampfboot, 4. Auflage, Münster 2003

Rügemer, Werner, Cross Border Leasing, Westpfälisches Dampfboot, Münster 2004

Rügemer, Werner, Privatisierung in Deutschland – Eine Bilanz, Westpfälisches Dampfboot, Münster 2006

Rügemer, Werner, Der Bankier – Ungebetener Nachruf auf Alfred Freiherr von Oppenheim, Nomen-Verlag, 3. – nochmals geschwärzte Auflage 2006

Rügemer, Werner (Hg.) Die Berater – Ihr Wirken in Staat und Gesellschaft, transcript-Verlag, Bielefeld 2004

Rügemer, Werner, Rating-Agenturen – Einblicke in die Kapitalmacht der Gegenwart, transcript-Verlag, Bielefeld 2012

Scheer, Hermann, Die Politiker, Kunstmann-Verlag, München 2003

Schirrmacher, Frank, Ego – Das Spiel des Lebens, Karl Blessing Verlag, München 4. Auflage 2013

Schumacher, E.F, Small is beautiful, Abacus-Verlag, London 1974

Sen, Amartya; Ökonomie für den Menschen – Wege zu Gerechtigkeit und Solidarität in der Marktwirtschaft, dtv-Verlag, München 2002

Senf, Bernd, Der Nebel um das Geld, 5. Auflage, Gauke-Verlag, Lütjenburg 1998

Sikora, Joachim (Hrsg.) Visionen-Reader I – Von der gesellschaftlichen Vision zur politischen Programmatik, Verlag tradition, 2. (erheblich gekürzte) Auflage mit „Blaupausen" einer neuen Gesellschafts-Architektur: Erd-Charta, Grundeinkommen, Regionalwährungen, „Konsultative"

Sikora, Joachim (Hrsg.) Visionen-Reader II, Von der Vision zur Deutschen Verfassung, tradition-Verlag, es werden politische Zukunftsentwürfe vorgestellt, mit dem Schwerpunkt für eine Deutsche Verfassung auf der Grundlage des Art. 146 GG;

Sikora, Joachim, Handbuch der Kreativmethoden, KSI, Bad Honnef 2004

Sikora, Joachim, Vision einer Tätigkeitsgesellschaft, KSI, Bad Honnef 1999

Sikora, Joachim, Vision einer Gemeinwohl-Ökonomie, KSI, Bad Honnef2001

Sikora, Joachim, Vision eines „Regionalen Aufbruchs",
KSI, Bad Honnef 2003

Simmel, Georg, Philosophie des Geldes, Parkland-Verlag, Köln 2001

Sölle, Dorothee, Ein Volk ohne Visionen geht zugrunde,
Hammer-Verlag, Wuppertal 1986

Solte, Dirk, Finanzsystem am Limit – Einblicke in den „Heiligen Gral" der Globalisierung, Terra Media-Verlag, Berlin 2007

Soros, George, Die Krise des globalen Kapitalismus – Offene Gesellschaft in Gefahr, Fischer-Verlag, Frankfurt a. M. 2000

Steinbeis, Maximilian u. a., Die Deutschen und das Grundgesetz – Geschichte und Grenzen unserer Verfassung,
Bundeszentrale für politische Bildung, Bonn 2009

Steingart, Gabor, Unser Wohlstand und seine Feinde, Knaus-Verlag, München 2013

Stiglitz, Joseph, Die Schatten der Globalisierung, Siedler-Verlag, Berlin 2002

Stransfeld, Reinhard, Deutschland zerfällt – Warum einige immer mehr haben und viele sich immer schlechter fühlen, Europa-Verlag,
Berlin, 2013

Surowiecki, James, Die Weisheit der Vielen, C. Bertelsmann-Verlag, München 2004

Theurer, Jochen, Die Ablösung des Grundgesetzes durch
Art. 146 GG, Verlag Dr. Kovac, Hamburg 2011

Thielemann, Ulrich, Systemerror – Warum er freie Markt zur Unfreiheit führt,
Westend-Verlag, Frankfurt a. M. 2009

Türcke, Christoph, Mehr! – Philosophie des Geldes, C. H. Beck-Verlag, München 2015

Ulfkotte, Udo, Gekaufte Journalisten – Wie Politik, Geheimdienste und Hochfinanz Deutschlands Massenmedien lenken,
Kopp-Verlag, 5. Auflage, Rottenberg 2014

Ulrich, Peter, Der entzauberte Markt – Eine wirtschaftsethische Orientierung,
Herder-Verlag, Freiburg/Br. 2002

Visotschnig, Erich u. a. Systemisches Konsensieren, Danke-Verlag, Holzkirchen 2. überarbeitete Fassung Okt. 2010

Vobruba, Georg, Entkoppelung von Arbeit und Einkommen – Das Grundeinkommen in der Arbeitsgesellschaft, VS-Verlag, Wiesbaden 2006

Waldecker, Karl, Glocalis – Die Welt fair ändern,
EWK-Verlag, Elsendorf 2013

Walter, Franz u. a., Die neue Macht der Bürger, rowohlt-Verlag,
Hamburg 2013

Weik, Matthias u. a., Der größte Raubzug der Geschichte,
Tectum-Verlag, Marburg, 2012

Wilber, Ken, Ganzheitlich handeln, Arbor-Verlag, Freiamt 2001

Willemsen, Roger, Das Hohe Haus – Ein Jahr im Parlament,
S. Fischer-Verlag, 2. Auflage 2014

Zeh, Juli u. a., **Angriff auf die Freiheit**, Hanser-Verlag, München 2009
Ziegler, Jean, Ändere die Welt, C. Bertelsmann-Verlag, 7. Auflage, München 2015

Materialien:

- DVD Edition der Tagung „Wem gehört der Boden?"
2012 Berlin 6 DVDs mit allen Vorträgen, Podiumsdiskussionen, Workshops, Materialien und Interviews. Preis: 60 € zzgl. Versand. – Bestellung über info@tendirectionsmedia.de

- Video-Dokumentation der Dritten Bundeskonferenz Berlin Mai 2013; Edition mit 4 DVDs, alle Vorträge, Materialien und Interviews mit Teilnehmern. Preis: 45 € zzgl. Versand – Bestellung über info@tendirectionsmedia.de

- Deutschlandfunk: „Der ökonomische Putsch oder: Was hinter den Finanzkrisen steckt" von Roman Herzog – Sendung: Freitag, den 20. April 2012 – 19:15-20.00 Uhr

- WDR-Fernsehen – 4. Juli 2005: „Die Story – Das Milliarden-Monopoly"

Aus Politik und Zeitgeschichte (APuZ) – Veröffentlichungen der Bundeszentrale für politische Bildung

- 60 Jahre Grundgesetz – Heft 18-19/2009 vom 27. April 2009

- Postdemokratie? – Heft 1-2/2011 vom 03. Januar 2011

- Digitale Demokratie – Heft 7/2012 vom 13. Februar 2012

- Demokratie und Beteiligung – Heft 44-45/2011
vom 31. Oktober 2011

Herausgeber

Joachim Sikora – Troisdorf
(Jahrgang 1940)
Dipl.-Volksw., Dipl.-Päd., Direktor a. D. –
Abitur am „Berlin-Kollege",
Studium in Berlin, Bonn und Köln –
Verbandsbildungsreferent, freiberuflicher
Kreativmethoden-Trainer, 4 Jahre
Auslandsaufenthalt in Asien (1975-1979),
Studienleiter bei der AGEH, 4 Jahre
Auslandsaufenthalt in Chile (1984-1987),
Mitarbeiter in einer politischen Stiftung,
Leiter des Katholisch-Sozialen Instituts
(KSI) in Bad Honnef (1990-2005), weitere
Details auf meiner Internetseite:
www.joachimsikora.de

Dr. Hans-Jochen Gscheidmeyer –
Bremen (Jahrgang 1944); Abitur
(humanistisches Gymnasium) und
Studium der Chemie mit Promotion
(4 Jahre wiss. Assistent) – Manager
beim Unilever Konzern (Forschung und
Entwicklung, Werksleiter, Geschäftsführer), davon knapp 9 Jahre in
Skandinavien. Im Ruhestand Studium
der Philosophie, Weiterbildung zum
Coach, Gründung einer Beratungsfirma
und eines gemeinnützigen Vereins mit
gesellschaftspolitischem Anspruch:
www.concretio.de

Ralf Liebers – Sankt Augustin
(Jahrgang 1952)
Studium Maschinenbau mit Luft- und
Raumfahrttechnik, bis 2006 Dienst in der
Luftwaffe als Technischer Offizier, davon
1997-2001 in den USA.
Seit 2011 politisch aktiv bei Attac für eine
kooperative und gemeinwohlorientierte
Welt ohne ressourcenverbrauchendes
Wachstum.
(Die Welt ist keine Ware.)

Nach fünfjährigem Engagement in der „Initiative Verfassungskonvent" legt der Herausgeber und Mitgründer Josef Hülkenberg einen Zwischenbericht vor.
„Der Würde wegen"
erschienen bei tredition Verlag, Hamburg 2016

Es ist eine Herausforderung an jede Demokratiereform, die Selbstregulation der Gesellschaft freier Menschen sowie den dazu förderlichen Aufbau des Staates in diesen Kompetenzen der Bürger und der dadurch ausgelösten gesellschaftlichen Dynamik zu verankern.

„Nur mal angenommen … …Demokratie ginge anders"

Erschienen bei tredition Verlag, Hamburg 2016